遠藤　直哉

法動態学講座 2
新弁護士懲戒論

為すべきでない懲戒 5 類型
為すべき正当業務型

―法曹増員後の弁護士自治―

信山社

推薦のことば

宮 澤 節 生
神戸大学名誉教授
カリフォルニア大学ヘイスティングス・ロースクール客員教授

　遠藤直哉弁護士は，弁護士界における論客のひとりとして，これまで，民事訴訟，弁護士論，取締役の役割，生殖医療，ソフトロー，法学教育などに関して多くの著作を発表してこられた。また，内外の法社会学関係学会において最も多くの報告を行ってきた弁護士のひとりである。私は，2000 年に第二東京弁護士会が派遣した米国ロースクール調査で遠藤弁護士とご一緒して以来，親しくお付き合いさせていただいている。

　その遠藤弁護士の最新の研究が，2003 年から 2016 年までに『自由と正義』誌上で公告された約 1,000 件の弁護士懲戒事例を分析して懲戒事例の類型化を試みるという，気の遠くなるような緻密な分析である。私は，その第一報を 2017 年に出版された古稀記念論文集にご寄稿いただくという光栄に浴した（遠藤直哉「法曹増員後の弁護士懲戒と弁護士自治 —— 正当業務型と懲戒 5 類型」上石圭一・大塚浩・武蔵勝宏・平山真理編『現代日本の法過程 —— 宮澤節生先生古稀記念（上巻）』信山社）。

　そこで遠藤弁護士は，『弁護士職務基本規程』では別々の章で扱われている懲戒理由を，実態に即して 5 つの類型（一般非行型，金銭非行型，懈怠（強要）型，利益相反型，不当業務型）に整理し，

それぞれに対して適切な懲戒のあり方を考察するとともに，公益弁護活動や法制度改革を求める活動（遠藤弁護士は「進歩的弁護活動」と呼ぶ）として実質的合法性を追求するがゆえに形式的合法性を欠くかのように見える可能性がある類型（正当業務型あるいは法漸進型）の存在を指摘して，その類型に対しては慎重な検討を求める。弁護士会は公益を守るべき存在であると同時に，強制加入団体として会員の職業遂行の自由を保障すべきであるから，正当業務型に対しては安易に通常の懲戒処分の手続によるのではなく，弁護士の裁量権をできる限り尊重するため，その公益的・法漸進的活動が適切に行われるように導く懲戒代替的なプログラムを導入すべきであるという主張である。本書では，さらに，そのような視点から，現在検討されている『弁護士職務基本規程』改正案への対案を提示する。

　このように本書は，懲戒理由の実証的分析から進んで，弁護士活動の将来像を踏まえながら懲戒制度の具体的改善策を提示するものである。研究者と実務家の双方によって，本書が広く読まれることを期待したい。

は し が き

　本書は，宮澤節生先生古稀記念論文集『現代日本の法過程・上巻』（信山社　2017 年）所集論文「法曹増員後の弁護士懲戒と弁護士自治──正当業務型と懲戒 5 類型」の追加補充版です。分析対象とした過去 14 年間の約 1000 例を論文集には添付できなかったので，これを遠藤直哉ホームページに掲載しました。そして、本書の趣旨を分かりやすくするため序論を追加しました。また，第 6 章を追加し，「解説・弁護士職務基本規程」の分かりにくい面を解説し，現在提案されている改正案についても成案に向けて批評を加えました。

　宮澤先生には法科大学院設立に向けての弁護士会の運動で，また米国のロースクールの調査で御支援をいただきました。さらに，太田勝造先生と共に日本法社会学会，米国法社会学会（LSA），アジア法社会学会（ALSA）において，法社会学，法哲学，法と経済学などの学際的研究に導いていただきました。本書はそのような研究のおかげで，弁護士懲戒について，実務と学理を統合する，日本では初めての成果として以下の特徴を有するものと自負しています。

■為すべき正当業務型の提示

　従来の解説書は，弁護士の非行として，「為すべきさない行為」の羅列がされました。しかし，弁護士にとっては「積極的に為すべき行為」が重要です。ところがこれに対して懲戒申立が増加し

てきたので,「正当業務型」として明確な基準を設けました。つまり,正当業務型も危ないので委縮しろというのではなく,法の進歩,公益や公共の目的のためには,恐れず実行するべきであり,そのような教育や指導も必要となるということです。

■実証研究の成果（為すべきでない懲戒5類型）

上記基準の設定は,従来の実務家の分析の対象や方法では,困難でした。本書では,法の二面性の分析から,司法や行政の法の後進性を乗り越え,弁護士の進歩的役割を積極的に肯定することから正当業務の類型を作り出しました。法の歴史,法理学,法社会学などの知見を総動員して,かつ約1000例を実証的に分析することにより,懲戒すべきではない事案について進歩性や公益性を切り出して,まとめることが可能となりました。その結果,逆に,為すべきでない懲戒5類型は,比較的容易に整理することができました。極めて分かりやすくなりました。

■実務と学理の架橋

法科大学院教育では,法曹増員による法曹倫理の低下を防止するため,かつ法曹に新しい役割を付与する教育をするため,これを必修課目としました。しかし,課題は困難であり,ソクラティックメソッドによる教育により,多角的に深く検討する場合には,まさに基礎法学と実定法学（弁護士法を始めほとんどすべての法令）の連携・融合なくしてなしえませんでした。本書では,筆者の仮題『法動態学講座1・新しい法科大学院改革案』（信山社2018年）で提言している連携研究や連携教育の具体例を,その証拠をもっ

はしがき

て示せたのではないかと考えますので，併せてご覧下さい。

■新しい法動態学

　従来の法学教育では，存在する法令や判例を固定的にとらえて学ぶことを主としています。つまり，法令の通説的解釈や判例の趣旨を学ぶもので，これを法静態学と呼びます。AI が代替しています。

　これに対して，本書では，法は変化しているもの，いわば生きているものと捉えて，法をどのように扱うべきかを研究し，教育することを法動態学と呼びます。AI ではなしえない分野です。

　法動態や動態的法形成という言葉は，一般用語です。但し，先行研究として，法動態学叢書全 4 巻（樫村志郎編・法律文化社）があります。これは，法動態学への一つの導入方法として，「水平的秩序」という概念を最も重要な研究対象と位置づけ，市場という経済学的な意味を持つ空間における法の動態を明らかにしようとしています。従来の権力や強制またはルールや行為を基準にしないで，自律的な法の動態を明らかにしようと分析されています。

　これに対して本書では，第 1 章で明らかにしているように，社会変動に合わせて，人々の生活に必要な法の変動を促進させる方法を研究し教育することを法動態学と位置づけています。ハードローとソフトローの構造（強制と合意）の縦軸は，技術進歩と人々の意識変化という時間と共に漸進していく横軸により，地殻変動を起こしていく。法曹は直ちに法をもって対応しないときには，社会は秩序なく混乱に陥ります。つまり，社会変動に合わせた法

はしがき

の変動を対象とする研究と教育を法動態学と称しています。

20世紀以降，社会変動のスピードは加速しています。明治以来の日本の法静態学教育は，社会の進歩にブレーキをかけ続けてきました。欧米では法動態学が発展し，中国ですら，日本のような後ろ向きの規制ではなく，前向きな発想を育てています。日本の司法試験や司法修習の2回試験は，法動態学の導入の壁となっています。直ちに廃止または縮小し，法科大学院における法動態学の教育に向かわなくては，法曹養成の混乱はやむことがありません。法曹への信頼は地に堕ちたと言っても過言ではないでしょう。そして，何よりも暗記中心の社会に遅れた法静態学より，社会実態と歩む創造的な法動態学の方が，AIではできないことであり，法曹に興味をもたらして，技能を高め，人々に貢献できることは明白です。

2018年11月

遠藤直哉

目　　次

推薦のことば（宮澤節生）（iii）

はしがき　（v）

序　論　法曹増員と弁護士会の責任 ……………………………… 3

1　法曹増員の悪影響 …………………………… 3

2　5類型の必要性と有用性 ………………………… 5

3　国際連合の弁護士役割基本原則 ………………… 8

4　法曹一元に代わる弁護士自治の成立 ………… 9

5　弁護士自治の後退 …………………………… 11

6　19世紀までの欧米の司法権の発展 …………… 13

7　20世紀からの弁護士層の分裂と対立の止揚 …… 15

8　米国の成功（法動態学）と英国の停滞 ……… 17

9　弁護士自治の発展に向けて ………………… 19

10　弁護士会と懲戒委員会の関係 ……………… 20

11　阿部泰隆博士の現状批判と改善提言 ……… 23

第1章　弁護士活動の自由と独立 ……………………………… 29

1　社会正義実現と弁護士自治 …………………… 29

2　法の二面性（法動態学） …………………… 33

3　法と裁判の補充 …………………………… 37

第2章　弁護士懲戒の類型化 ……………………………… 41

1　弁護士業務と合法性 ……………………… 41

2　懲戒5類型 ……………………………… 50

ix

目　次

　　　　3　集計数とまとめ ……………………………… 58

第3章　正当業務型（法漸進型）の検討 ……………… 61

　　　　1　進歩的弁護活動 ………………………………… 61

　　　　2　正当業務型の事案 …………………………… 64

　　　　3　本件戒告事案（公益弁護）………………… 66

第4章　名誉毀損に対する司法特権と言論の自由 …… 75

　　　　1　弁護士業務の核心としての表現活動 ……… 75

　　　　2　英米の司法特権と現実的悪意の法理 ……… 76

　　　　3　ドイツの言論の自由の保護 ……………… 79

　　　　4　絶対的特権とスラップ申立の関係性 ……… 80

第5章　国民のための弁護士自治 …………………… 83

　　　　1　部分社会の法理の弊害 ……………………… 83

　　　　2　公益を守るべき弁護士会の存在意義 ……… 85

　　　　3　強制加入団体における職業遂行の自由の保障 … 87

　　　　4　アメリカにおける「懲戒代替プログラム」……… 87

第6章　『解説・弁護士職務基本規程〔第3版〕』及び2018
　　　　年改正案 ………………………………………… 89

　　　　1　職務基本規程改正の基本理念 ……………… 90

　　　　2　法令違反行為避止の説得義務 ……………… 92

　　　　3　守　秘　義　務 ……………………………… 95

　　　　4　利益相反（規程27条・28条）……………… 98

　　　　5　依頼者紹介の対価 ……………………………117

　あとがきに代えて　（121）

　［参考文献］　（125）

法動態学講座 2

新弁護士懲戒論

為すべきでない懲戒 5 類型
為すべき正当業務型

── 法曹増員後の弁護士自治 ──

| 序 論 |

法曹増員と弁護士会の責任

1 法曹増員の悪影響

　急激な法曹増員により，約15年前より年間で約10件の懲戒相当事案が，約100件以上に増加した。本書では，日本で初めて，14年間のすべての決定例を分類した。類型化の仮説を立てつつ，あてはめを行いつつ，類型を修正し，最後に5類型と正当業務に分類できた。添付の別表では，約1000件を5類型に分類し，掲載した。そして正当業務型はこの別表中に混在しているので，本文の中での基準を下に，それを指摘すれば学習や研究に資する。

■ブラック弁護士の増加

　他方で，金銭的非行の増加が目立つことから，弁護士会が懲戒権を持つ以上，社会ではその監督責任が問われることとなった。明らかに弁護士数の急激な増加による影響であった。そもそも，弁護士数を徐々に増加させるべきであった。そして，隣接分野に進出させることとし，隣接士業の資格を減少させ，将来的に弁護

序 論　法曹増員と弁護士会の責任

士に資格を統合する政策を明確にするべきであった。法曹増員により，従前の殿様商売といわれてきた弁護士が市場変化に対応できない面を否定できなかった。この結果競争に敗けた弁護士の金銭非行が増加した。横領などに加え，過剰広告で事務職員を含めての非弁業務に走る者も金にまみれた非行といえる。金銭欲などの欲望の強い参入者が増えたせいか，性犯罪などの一般的非行も増加した。

　そして，弁護士として，公益的役割を軽視し，ビジネス感覚のみで，弁護士の報酬のみを重視し業務をする弁護士が増加した。勝訴確率が低くても着手金稼ぎをする者，和解などの解決に努力せず，執拗に争う者などである。特に，勝訴するに手段を選ばず，証拠隠滅や，証拠偽造に関与したり，団体紛争で民主的運営を阻害し，理事や評議員を強引に解任するなど，いわゆる悪徳弁護士が増加した。法令を逸脱したり，文書提出命令に極めて消極的な裁判所の中で有利に進め，勝訴を重ねる。文書提出命令申立では，相手方や弁護士の横領行為なども具体的に主張する必要があるが，これを主張すれば名誉毀損だと民事訴訟や懲戒請求をしてくる。しかし，主張しなければ申立は却下される。そして，悪徳業者からすれば，悪徳弁護士は頼りになると報酬を払う。悪徳弁護士はますます繁栄するようになる。法曹増員の悪影響はこのようなブラック弁護士の増加である。

■ホワイト弁護士

　ブラック弁護士と戦う弁護士は，いわばホワイト弁護士というべきであり，ほとんど無償のボランティア弁護も多い。相手方で

ある悪質な業者に対して，弁護は積極的攻撃的にならざるをえない。裁判所や弁護士会は，ブラック弁護士の行動を規制し，ホワイト弁護士の主張を尊重しなければならない。しかし，その基準は，日本の遅れた法の運用の中では，明確に識別できないまま，相手方やその代理人のブラック弁護士からの弁護士懲戒申立が増加した。ブラック弁護士の不当業務型を懲戒とし，ホワイト弁護士の正当業務型を懲戒不相当とすることが必要である。

　ホワイト弁護士とは,大川原栄弁護士を代表とする「めざそう！ホワイト企業」（旬報社 2017 年）の執筆者ホワイト弁護団の名称から由来している。大河原弁護士は，一般社団法人ホワイト認証推進機構を設立し，初代理事長に仙谷由人元官房長官に就任いただいたが，急逝されたので，ご冥福を祈り，ホワイト弁護士の名と，その理念の普及に尽力する次第である。

2　5類型の必要性と有用性

⑴　類型化の必要性

　懲戒申立の激増により，綱紀委員と懲戒委員は効率よく調査し，審理し，決定を下す必要がある。いわばボランティアの委員にとっての負担は極めて大きい。日弁連編集の「条解弁護士法」は，古くからの総論的解説であり，急激な変化を反映するほどの研究成果を取り込んでいない。「解説・弁護士職務基本規程」は，本年で第 3 版に至り，各論的には詳細となってきたが，逆に極めて分かりにくくなってきた。また，多数の執筆者の分担によるためか，全体的な骨組み，構造上の連関性がほとんど研究されないまま，

類型化をするべきとの問題意識がないままに現在に至っている。このような状況では，全国の委員や会員は，明確な基準に基づいて検討したり，議論したりできる状況とはいえない。大量に押し寄せる申立に，経験に基づく各論的な職人芸に寄っているといって過言ではない。そこで法曹増員後の新しい弁護士倫理の総合的視点を明らかにして，大きな類型化をしない限り分かりやすくならないことを強調しておく。まず，以下の通り大きく5類型に分け，そこから各論的視点をもつべきである。

① 一般非行型（犯罪規律違反型）
② 金銭非行型（私欲型）
③ 懈怠（強要）型 （依頼者侵害型）（善管義務違反型）
④ 利益相反型（忠実義務違反型）
⑤ 不当業務型（相手方侵害型）（法違反型）

⑵ 一般的非行と金銭非行の増加

一般非行型として，強姦，痴漢，覚せい剤，泥酔運転事故，脱税など刑事罰に当たるものである。

金銭非行型として，預かり金流用，横領，背任的行為，金員を清算し返還すべき義務の遅滞，着手金受領後放置（詐欺的受任）などである。弁護士の収入減が原因となっているといえる。

⑶ 依頼者の申立の増加

懈怠（強要）型として，上訴期限の徒過，消滅時効の徒過，依頼者の同意なく和解すること，説明義務違反，秘密保持義務違反，依頼者の意思を無視し確認しない代理行為，依頼者の意に反する

強要行為などにより，依頼者の利益を害するものである。

⑷　相手方の申立の増加（不当業務型）

　以下の行為を弁護士が行うこと，または依頼者の行為を助長することである。

　　違法行為型——違法行為への関与，文書偽造，相手方への威迫
　　　　　　　　　強要または脅迫，恐喝，暴力団（関係者）を利
　　　　　　　　　用することなどである。
　　自律行為型——法令手続外の自力救済，詐害行為，脱法的行為，
　　　　　　　　　訴訟外での不必要な名誉毀損行為などである。
　　裁判悪用型——証拠の隠匿や偽造，偽証，スラップ申立などで
　　　　　　　　　ある。

⑸　正当業務型の巻き込まれ防止

　相手方の申立の中では，上記⑷はブラック弁護士の行為である。
これに対して，下記正当業務型はホワイト弁護士の行為であり，
絶対に混同してはならない。巻き込まれての戒告は，懲戒過誤または懲戒冤罪である。

　　目的正義型——人権救済，冤罪救済，手続正義などの重要な目
　　　　　　　　　的に向けての緊急必要な様々な行為
　　法制度補充型——法制度の不備，空白，遅れについて補充する
　　　　　　　　　　積極的行為
　　裁判適正化型——上訴，異議申立，誤った裁判の是正など訴訟
　　　　　　　　　　制度を徹底して使用する経過の中での攻撃的
　　　　　　　　　　抵抗的表現活動

序　論　法曹増員と弁護士会の責任

⑹　利益相反の分かりにくさ解消

　弁護士会研修では，本来上記⑸または上記⑷と⑸の区別が最も重要である。しかし，従前には，この重要な類型区分に取り組んだ業績がないため，研修でも取り上げることができなかった。そこで次に分かりにくい利益相反を必修として取り上げてきた。解説・弁護士職務基本規程の内容自体が，整理されておらず，類型化されていないので，委員としてはやりがいがあるのであろう。しかし，参加をしていても，多くの弁護士は，依然として分かりにくいとの声が多い。そこで，第6章で本邦初公開の分かりやすい類型化を示す。かなり正確な整理ができたので，今後は⑸の必修化に取り組めるであろう。

3　国際連合の弁護士役割基本原則

　日本では戦前において，弁護士会は司法大臣の監督を受けた。弁護士の懲戒については，検事長が司法大臣の命により申立をし，懲戒裁判所が審理をした。これに対して，国際連合では，弁護士の自由と独立を保障するためには，司法権の独立の一環として，弁護士の監督権（懲戒権）は，弁護士会自治により，または司法の中で行使されるべきとされ，行政などの関与を排除している。1950年国際連合は総会決議で国際刑法刑務会議（コングレス）を承継した。1990年第8回コングレスで弁護士役割基本原則が採択された。同原則16・17・20は，弁護士の独立を保障し，同24は弁護士自治を保障し，同26〜29は弁護士による懲戒手続の保障を定めている（東澤靖「弁護士の役割に関する基本原則──人権保

障に果たしてきた役割と課題──」『明治大学法学科大学院ローレビュー』第 24 号 53-77 頁 2016 年）。

　上記原則は，世界中の政治犯の弾圧に対して，刑事弁護人の役割を保障しようとするもので，根源的な目的を目指している。この重い課題の解決を進めるためにも，以下では，民事や行政の裁判も含めて，また弁護士ばかりか法曹全体の役割を論ずることの必要性を提示し，論点を明確化させることとする。

4　法曹一元に代わる弁護士自治の成立

　弁護士自治の研究について，以下 2 冊の労作が出版された。
①　司法改革研究会編著「社会の中の新たな弁護士・弁護士会の在り方」（日弁連法務研究財団 JLF 叢書 Vol.23 商事法務 2018 年 1 月）
②　弁護士自治研究会編著「新たな弁護士自治の研究・歴史と外国との比較を踏まえて」（日弁連法務研究財団ＪＬＦ叢書 Vol.24 商事法務，2018 年 5 月）
　上記研究書② 7 頁野村吉太郎は，以下の通り弁護士自治成立の歴史を詳細に報告している。戦後の弁護士法の制定過程で，法曹一元制度を導入するか否かが争点となった。法曹一元であれば，米国のように弁護士に対する懲戒権を裁判所などが担っても，司法の独立が保たれるからである。しかし，弁護士法が成立した過程で法曹一元を採用しないこととなり，その代わりに，弁護士会が懲戒権をもつ弁護士自治が成立した。

　筆者はこの経過から見れば，官僚裁判官とこれを支配する最高

序　論　法曹増員と弁護士会の責任

裁，官僚検察官とこれを支配する法務省の「司法と行政の強固な連携組織」が発展した中で，司法の独立はあり得たのか，強い疑問を持つ。つまり，弁護士自治をもってしても，国民のための司法（裁判）を発展させることは，困難であったとみるべきである。

　その後の公害など長い裁判闘争をみれば，ホワイト弁護士が苦難の道を辿ったことから明らかである。つまり，弁護士の闘う努力とこれを強力に支援する弁護士会自治なくして裁判の改善はありえない。しかし，弁護士の地位の劇的な上昇に伴い，条解弁護士法にみられるように，日本の弁護士自治が世界的にもまれな優れたもの，司法修習は法曹一元の基礎をなすものというといずれについても誤った評価がされた。弁護士自治という強力な武器により，司法権が健全に機能するという幻想を抱いたといえる。

　再度確認するが，英米では，司法権の独立は，法曹一元制度によって支えられてきた。権力機構の立法権と行政権とは別に，それらと離れた存在の司法権の独立性を保つには，弁護士集団の支配の及ぶ裁判所であることが重要だからである。最終的な懲戒権が，裁判所にあることは問題ではなくなる。同時に弁護士会の自治も尊重されている。これに加えて，ドイツ，フランスでは，法曹一元ではなくキャリア裁判官システムがある点で，日本と同じだが，いずれも長い歴史の中で勝ち取ってきた弁護士自治が日本以上に保障されている。これを参考にしつつ，さらに広い視点から，日本の司法の改革を論じる必要がある。

5　弁護士自治の後退

　上記研究書は，弁護士自治の役割，機能及び存在価値を明らか
にしようとする意欲的労作である。弁護士の増員に伴う弁護士の
多様化（二極化）と対立，横領などの不祥事の多発，懲戒決定の
増加などの状況に直面し，統合の理念なくして弁護士自治を有効
に維持できるのかという危機意識が溢れている。歴史を追いつつ
も，常に現在の弁護士会への責任を負おうとする点で目的意識も
伝わってくる。しかし，日本の弁護士自治は，制度として世界的
に類例を見ないほど優れているとの誤った見解（条解「弁護士法」
vii頁・8頁）を踏襲し，これをいかに守るかの発想で論じている（上
記研究書①iii頁・同②3頁・208頁，なお後記第6章弁護士職務規程
改正案解説）。しかし，福原「弁護士法」429の3頁では，日本で
は類例のない制度というだけで，これに誤りの源があるわけでは
ない。以下では，日本の弁護士自治の制度をまず正確に位置づけ
た上で，課題の克服を論ずる。

　前述の通り，戦後の状況の中で，法曹一元をとらない以上，残
るは独仏を参考とせざるをえず，しかも弁護士だけの参加での懲
戒権をもつ独仏よりも権力の介入を許す形での，判検事の参加を
させるものとなった。法律として成立しても，司法と行政の中で
は相当に弱い存在であった。弁護士自治とは，英国をモデルとす
れば，①自らの後進を養成すること②資格付与をすること，③弁
護士会が懲戒権をもつこと，を指す。懲戒権については，確かに，
弁護士会は組織上の権限を与えられ，行政権から独立した存在と
なった。

11

序論　法曹増員と弁護士会の責任

　しかし，懲戒委員会は，当初から裁判官・検察官・学識経験者の3名を委員とする（66条の2）。そして，昭和57年弁護士人抜き裁判特例法案の対応策の法曹三者協議会決定で，各弁護士会の会則改正により弁護士委員数を非弁護士委員数より1名多くすることとなった。日弁連懲戒委員会には非弁護士を7／15まで参入させるとの弁護士自治弱体化に追い込まれた。また綱紀委員会は，当初，すべて弁護士委員だったところ，昭和54年判検事等の参与委員（議決権なし）を認めた。平成15年改正法により，裁判官・検察官・学識経験者の3名を委員とすることとなった。但し，平成14年日弁連臨時総会決議で，弁護士委員を過半数とする条件が付された。もともと，独仏のように長い歴史で勝ち取ったものではなく，棚からぼた餅式のものである以上，相当に努力して実質を詰めていかねばならない。いわば憲法の内容を発展させるのに，ただ条文を唱えたり，裁判所を頼っても，人権保障が進まないのと同じものである。

　上記研究書①（166頁）金塚彩乃によれば，フランスでは弁護士会の懲戒委員会は弁護士だけで構成され，懲戒権を独占し，公開で対審の懲戒手続期日が開かれる。ドイツでは，軽微な戒告について弁護士会の理事会決定及びこれを含めすべて，三審制である。一審名誉裁判所（判事3名すべて弁護士），二審名誉法院（判事5名のうち院長含め3名弁護士），最終審連邦裁判所弁護士事件部（判事7名のうち3名弁護士）による厳格な手続による。つまり，日本に比べ，弁護士のみの参加によるといってよい自治であり，厳格な訴訟と同じ手続の保障がある（第二東京弁護士会編「弁護士自治の研究」日本評論社1976年）。

6 19世紀までの欧米の司法権の発展

① 英　　国

英国では，名誉革命の後，貴族と官僚の支配に対して，ブルジョワジーがこれに対抗し，ついに逆転させ，ブルジョワジーの支配に至る。ブルジョワジーが協働したのが弁護士層であった。ここでは，バリスターとソリスターのいずれも弁護士と呼ぶ。弁護士層は，弁護士会を作り，教育と資格付与を担い，懲戒権をもつという弁護士自治を形成した。そして，弁護士層の中から裁判官，検察官を輩出した。そればかりか，議会に多数送り込み，行政をも担っていった。ここに産業資本のための法曹という理念が成立し，その一体性が確立していく。弁護士から裁判官に任官する法曹一元に基づく司法権の独立はこの状況の中で成立していく。産業革命と共に科学や技術は進歩していくので，裁判官を含む弁護士層は，その社会変動に併せてコモンローを漸進的に発展させていった。米国でも同様の発展を遂げる。つまり，弁護士自治は法曹自治や法曹一元に発展していったのであった。しかし，その後フランス，ドイツ，ロシア，日本の順に，国家による上からの産業化がなされた。貴族と官僚の支配による国家的産業化が起こり，その大きな壁に弱小のブルジョワジーは食い込めなかった。

② フランス

フランスでは，弁護士会が弁護士自治をもち，教育，資格付与，懲戒権をもつに至るが，裁判官，検察官，行政，立法をほとんど支配できず，フランス型の官僚国家が形成されていく。弁護士自治は裁判官の養成や給源に至らず，限定されており，司法権の独

立や機能は英国に比べて劣位とならざるを得なかった。そして，英国では市民法の形成が，ブルジョワジーの代弁者の法曹により，「身分から契約に」，「恩恵から権利に」，と円滑に形成されたのに対して，フランスでは上からの法化を強行せざるを得ず，ナポレオン民法を始めとする制定法の優位となった。

③　ド　イ　ツ

次にドイツでもフランスと同じ状況をたどり，ナポレオン民法を承継し，パンデクテン民法を制定した。この独仏の状況は，法曹が中心となって徐々に市民法（民主制）を形成するのではなく，官僚による上からの法化であった。ドイツでは，弁護士自治は成立したものの，法曹三者の司法修習は，官僚の管理の下に置かれた。弁護士会が弁護士の教育と養成を完全には掌握できなかった点でフランスより後退していた。市民社会の発展の遅れと共に，司法権は国家権力に従属せざるをえず，ナチス台頭を阻止しえなかった。戦後，司法の責任が厳しく問われ，その反省の下に弁護士会と裁判官を中心に司法の再生に成功する。

④　日　　本

日本では，ドイツの司法修習を継承し，官僚主導の法曹養成となった。ドイツのような司法自体の改善がなかったため，弁護士層による法曹養成には大きな限界があった。つまり制度としては日本で司法修習を廃止すれば，法曹一元か仏型へ進歩するのである。少なくとも現状では，司法修習制度は任官者採用機関として機能しており，「法曹一元の壁」である。特に条解弁護士法32頁の「統一的修習制度は世界中に類例のないもので，すぐれた法曹教育制度」という見解は，比較法史から決定的に誤りであること

は明白である。まずこの認識を改めなければ検討すら進まない。

　ドイツと異なるのは，戦前の司法の責任が戦後にもほとんど課題とされなかったことである。それ故，日本の官僚法曹の保守性は戦前から承継され，法曹養成や裁判所の保守化に至り，弁護士会の司法における力は，ドイツと比較すれば，弱いものであった。司法全体の改善に至るドイツの壮大な姿には，日本ははるか及ばないことを知るべきである（木佐：187,401）。結論として，英米の法曹一元または法曹自治は，制度として裁判官養成や司法の確立に充分機能してきたが，その他の国の弁護士自治は，裁判官養成を含む司法の確立には直接には貢献できず，他の手段の合わせ技を使わない限り困難であった。

7　20世紀からの弁護士層の分裂と対立の止揚

　19世紀から20世紀にかけて，労働者階級の拡大，その後の消費者層の拡大により，これらの代理人となる弁護士の増大により，企業側の弁護士との分裂が発生する。このプロセスは，世界的にほぼ同時に進行する。英米では弁護士自治，法曹一元制，司法権の独立を含む市民社会の発展により，司法が機能し，紛争の解決や社会的矛盾の調整が進んだ。フランスでは，弁護士層と市民層の力の拡大により，ドイツとの戦争の繰り返しの中でも民主制が発展する。これに対して，ドイツとロシアでは，民主的な市民社会の発展が遅れ，革命とその弾圧，戦争へと至る。日本では，分裂どころか政治犯弾圧と共に，刑事弁護人の拘禁というまさに悲惨な状況が続いた。

序　論　法曹増員と弁護士会の責任

　戦後においても，世界的に弁護士会内の分裂と対立は続くことになった。しかし，労働者と消費者，企業の対立を反映する弁護士層の分裂と対立を止揚する考え方は，後述の公共経済学の発展，法動態説に基づく法の支配の進展により可能となった。これは，西欧ばかりかアジア，アフリカでも同じである。

■人間の自律性と法学教育

　再度ドイツを例にとる。法曹一元と司法権の独立を特徴とする英米ではなく，プロイセンの圧政下で，カントは，体制の打破を訴えるのではなく，人間の自律性を核とする近代社会を描いた。これを承継したフィヒテとフンボルトはフンボルト大学（ベルリン大学）の設立により，英米仏を通じて，ボローニャ大学以来の劣化していた大学の中で初めて大学教育の成功に至った（吉見：78）。それ故，ドイツではマックス・ウェーバーなどを含め，基礎法学による法学教育の充実は見られたのであり，戦後ラートブルフの自然法の復活の提唱へと円滑に繋がったといえる。現在の原子力発電廃止にまで至るには，後述の動態的な思想と教育の成果であったとみるべきである。

　つまり，法曹一元や法曹自治という制度を絶対視しなくても，英米の司法の発展の成果を取り入れ，法学研究の充実とこれを反映する法学教育により，法の改革または法の支配の発展は可能であることを示している。日本における法科大学院の必要性はまさにここにあるといえる。

8　米国の成功（法動態学）と英国の停滞

　英米においても，前述のように法曹一元や司法権の独立という制度が，資本主義の矛盾を吸収したが，その内実においては，法学研究と法学教育の充実化なしにはなしえなかった。つまり，労働者と消費者の拡大，企業との対立，これを反映する弁護士層の分裂と対立は，上記制度の中の分裂であったが，柔軟に制度自体が改善されたというべきである。

■米国における根本的対立緩和

　そのトップランナーの米国では陪審を基盤とする訴訟の爆発と言われる司法的救済が成功し，社会矛盾を吸入し，そこでの法曹全体の役割が重視され，一体性が保持された。ノネとセルズニックの応答的司法の発展においては全法曹の漸進的改革への役割が明確となった。

　米国のロースクールでは，科学や技術の進歩を前提に法の変動の研究がされ，遅れることなく次々と教育がされた。社会変動に合わせて法の変動をさせるための法社会学的分析を下に，解釈論や法政策を誕生させていった。すなわち，労働者や消費者側弁護士は，法の進歩に貢献し，企業側弁護士も社会変動に合わせて行動するという意味では同じ教育を受けた仲間といえた。分かりやすくいえば，同じ船に乗っている多くの人々を，船頭らは船を沈めずに運行することの徹底した教育を受けた。

　その背景に，公共経済学の「市場の失敗の理論」，「政府の失敗の理論」に基づく研究があった。市場経済を前提としつつも，政

府や企業の活動への規制，労働者や消費者の保護という政策をとることにより，根本的対立の緩和の理論が発展した。このような研究や教育があったからこそ，米国における法曹の支配が，社会の安定的発展に寄与するとの確信の下に，UPL 規制（非弁活動の禁止，隣接士業の禁止）を通じて継続してきたといえる。

■英国のネオリベラリズムの競争原理

これに対し，英国では米国モデルを参考に改善されつつあったところ，21 世紀に入り，ネオリベラリズムの競争原理が弁護士層に適用された。弁護士に公益性があるにもかかわらず，公共財としての位置づけがされなかった。経済的規制は緩和するとしても，弁護士の公益的規制は社会的規制の強化として必要であることを認識していないからである。自由放任主義の弊害は大きく，弁護士の公益性を無視する ABS（Alternative Business Structure）は，弁護士のサービスより劣るか，リスクのあることも明らかである。

つまり米国のようなロースクールにみられる幅広い研究や教育を下に改革すれば，このような結果にならなかったといえる。例えば，公共経済学やこれを基盤とするロールズの格差緩和（福祉国家），サンデルの共同体主義，ドゥオーキンの法の漸進的解釈論などの重厚な理論武装をもって，弁護士層が消費者自身を守るという対応をできなかったためといわざるをえない。

■弁護士自治へ

筆者の立場は，法曹の役割は，動態的法形成を担うこと，社会変動に合わせて法を連動させることである。法曹が司法，立法，

企業，隣接分野で業務をする全てに共通することである。弁護士と官僚の対立もなく，企業と市民の対立もない理念である。対立のあるのは「真実を前提にしつつ少しずつ前に進むこと」と「真実を隠してでも前に進まない，または後退すること」である。弁護士自治とは，社会の下から吹き上げてくる人々の叫びを，早期に取りあげている弁護士の役割を守ること，社会変動の全ての情報を弁護士の広い裁量で司法や行政に突きつけていく権限を保障することである。弁護士自治とは「法の変動の担い手たる弁護士の独立を支える強制加入組織」である。

9　弁護士自治の発展に向けて

　懲戒委員会に，判検事が参加していることは，法秩序の維持には，妥当との意見がある。しかし，弁護士だけの委員による運営が必要であり，その理解が乏しいといえる。

　そこで，日本の弁護士懲戒委員会と綱紀委員会において，過半数までに至らない条件とはいえ，判検事と学識経験者（学者及びマスコミ関係者）が参加することは，極めて問題となる。なぜなら，保守的な判検事は実務に親しんでいるため，実務を少しでも改善しようとする行為に敵対し，抑圧の正当業務型に対して，対象とする。学者委員は，自分の専門以外はほとんど関心がなく，判検事に対抗する姿勢は見られない。その他新聞記者からみると専門的な面が多く，複雑な事案も多く，理解するのが容易ではないからである。弁護士委員の課題も多い。①一般的には同業者の不始末を喜ぶ傾向がある。②安定的で有名な事務所を継承している委

19

員は，保守的で積極的業務をやりすぎと評価する傾向にある。③若手で優秀といわれる委員は，解説・弁護士職務基本規程に忠実に従う。④人権派や民衆側といわれる弁護士は多忙でもあり多くは委員とならない。⑤刑事に専門的な弁護士は，厳格な硬直的な刑事的思考をするためか，民事の多様性を柔軟に捉えないせいか，一般的に倫理に厳しいと言われている。

　つまり，弁護士委員だからといって，法の変動にチャレンジしていく弁護士の攻撃的行動に理解を示すわけではない。それ故，弁護士資格を付与するまでの法動態学に基づく教育，この教育の一定レベルに達した者への資格付与，そしてその後の生涯研修が必須となる。あくまで，基礎法学と実定法学の連携教育が必要となる。独仏では弁護士養成過程でこれが成功し，弁護士自治に寄与した。日本でも法科大学院での教育が成功すれば，弁護士委員が改革されて，弁護士自治の大きな成功となる。判事，検事，法学者の委員も法科大学院教育による改善が見られることにより，全員で法動態学に基づく審議が可能となるかもしれないが，職業上の保守的傾向を振りきれるか不安が残る。

10　弁護士会と懲戒委員会の関係

⑴　弁護士活動の自由と独立

　弁護士懲戒権は，弁護士自治の根幹であり，弁護士会の役員や委員が会内の総意の下に，弁護士活動の自由と独立（裁量）を守るために運用していくものである。懲戒委員会の独立の名の下に，弁護士会自治が懲戒委員会自治になってはならない。日本でも世

界でも，弁護士会に限らず，単なる委員会に団体自治を丸投げする制度は全く存在しないので，条文を柔軟に解釈しなくてはならない。特にドイツでは，戒告について弁護士会の理事会決定で行われ（神崎：259），前述の通り，その異議も含めてその他すべての案件で，弁護士のみの二審までの裁判手続によっている。フランスでも役員（上記研究書①166頁）や常議員会の決定によっている（福原：442）。これを見れば，日本のように職権主義の判検事などを含む委員会のみに任せて，かつ対象弁護士の防御権を十分に保障しない制度は世界的に存在しない。

⑵　旧56条「懲戒は弁護士会が，懲戒委員会の議決に基づいて行う」

　この解釈論として，「弁護士会が懲戒委員会の議決を原則として尊重するが，重要案件についての最終判断は，常議委員会などの議を経るなど会内討議を経て，役員会の決定の下に会長が執行する。例外的に議決を修正，変更，却下もありうるものである。会規，会則，ガイドラインで詳細を定めるものとする。」などとの運用もありえた。ただし，条解弁護士法（第3版525頁）は一面的解釈をし，弁護士会は懲戒委員会と異なる結論を下すことができないとした。

⑶　弁護士法56条と58条の矛盾

　平成15年改正法は①56条2項「懲戒は弁護士会がこれを行う」②58条5項「弁護士会は当該議決に基づき，対象弁護士を懲戒しなければならない。」と規定された。上記⑵と同じく①を重視

し，弁護士会(長)が主体として執行することを前提とするならば，文字上は，①と②は矛盾する。制度の趣旨として，弁護士会の役員会決定が優先することは明白である。第4版の通り懲戒委員会の決定が優先するかの条文については，柔軟に運用するべきこととなる。つまり，上記第3版の誤った解決論をそのまま，58条5項に条文化したにすぎず，第4版も誤りを踏襲したものであり，そのまま文言通り運用すべきでない。

(4) 適正な運用方法

① 現在まで懲戒の告知は役員会の稟議を経て会長名で通達されている。これらは全くのめくら判ではないと解せられる。

② 団体自治の民主的な運営は，総会，常議委員会，会員集会など様々な方法により，透明化しながら，公正に実施されるべきである。

③ 懲戒委員会は密室手続で，全く透明化されていない。会内論議に上がらず，会内の検討の手続もない。委員の人選の総会決議だけでは，公正，適正を担保できる保障は全くない。権力の弾圧や外部の不当な圧力（新聞など）に対して，一委員会だけでは抗しきれず屈服してしまう。特に，裁判官や検事の保守的で，抑圧的意見に進歩的立場から意見を述べる委員はほとんどいない。

(5) 問 題 点

現状は，15年以上前の懲戒委員会とは異なってしまっている。
ⓐ多数の申立事件のため，重要案件に時間をかけられず，当事

者の意見聴取もわずか 30 分にすぎない。ⓑ最も若手名経験のない委員に丸投げしている。ⓒ弁護士委員も人選の段階からほとんど消極的保守的な者が多く，積極的進歩的弁護士活動や攻撃的言論活動に対して，無理解で抑圧的である。

⑹ 結　　論

上記⑵の解釈論を採用するべきである。または少なくとも重要案件や正当業務の面があるものについては，懲戒委員会が仮案を開示し，会内討議を経てから最終決定をすべきである。

11　阿部泰隆博士の現状批判と改善提言

阿部泰隆神戸大学名誉教授は，行政法の泰斗として，多数の出版をされ，退職後に弁護士として，輝かしい業績を残しておられる。そして，弁護士懲戒申立事件の被申立人代理人をされたり，自ら懲戒申立を受けられてきたので，防御する負担の重いことを痛感された。文字通りの学識経験者として，本書刊行と同時期に論文を発表される。以下は筆者の責任でまとめたその要点であり，本書のカバーできなかった手続を中心に改正の提言をされている。但し，阿部先生は，各関係者から意見を聞いて修正の上公表される予定である。しかし，弁護士会の慣行に染まっている弁護士からは出てこない発想の新しい提案といえる。冤罪ともいうべき興味深い具体例も多く紹介されているので，ぜひ参考にしていただきたい。

序　論　法曹増員と弁護士会の責任

(1)　懲戒請求の濫用対策としての簡易却下制度

　依頼者が弁護士報酬を払いたくないため，弁護士報酬を請求すると，懲戒請求すると脅すなど，懲戒制度が悪用されることが結構多い。悪徳弁護士もいるが，悪徳依頼者に降参している善良な弁護士もいるのである。

　「何人も」，弁護士について懲戒の事由があると「思料する」ときは，「その事由の説明を添えて」弁護士の懲戒を請求することができる（同法 58 条）。これ事態は「士」業には一般的だが，公務員法には見られない特別の仕組みである。そのため，被害者だけではなく，多数の人をあおって懲戒請求させるといった濫用事件も起きている。なお，悪徳依頼者の懲戒請求に対しては，刑法上の虚偽告訴罪（刑法 172 条），不法行為責任（民法 709 条）を追求することができるが，実際上機能しない。

　懲戒請求が濫用されているので，請求者にその根拠を求めるなどと，直ちに判断できるときには，簡易却下とするとの制度化すべきである。

(2)　広すぎる裁量の是正（審査基準の明確化）

　「非行」概念が曖昧で，きちんとした審査基準もないのに，判例上，弁護士の懲戒処分には広い裁量が認められている。法解釈に争いのあるケースが少なくない。それについては，それなりに合理的な解釈を取れば，懲戒委員会が反対の解釈を取ろうとも，それは「非行」の問題ではなく，懲戒事由にならないというべきである。委員会が法解釈を限定したら，弁護士自治の名のもとに，その内部では恣意的な処分を正当化するだけである。法治国家に

は相応しくない。

弁護士会は，遠藤直哉論文が指摘するように，非行概念の明確化とその類型ごとの処分の在り方について整理すべきである。それから，累犯加重も恣意的であるから，前科の評価基準を合理的に作るべきである。

(3) 懲戒審査手続と訴訟手続の改善

現行制度は，単位会でも日弁連でも職権処分主義であり，対審手続がとられていないので，権利主張と防御権を十分に行使できない。その上に，15万人の委員が記録を全て読んでいる状況とは考えられず，対象弁護士の口頭陳述も極めて制限されている。このような審査手続では，三審制度を保障し，地裁からの手続を認めるべきとなるが，弁護士自治の名に値しあに制度となってしまうので，極めて大きな課題である。少なくとも，一審省略の高裁からの現行制度では，単位会と日弁連において，綱紀委員会が検事役，懲戒委員会が裁判官役として，より見識のある委員による公正な対審手続（準司法手続）とすべきである。

> ＊注
> 　ドイツとフランスでは，前述の通り，日本に比べ弁護士のみによる厳格な対審手続の保障がある。日本の訴訟では，部分社会の法理によりほとんど，実質判断に入らないので，弁護士会審査手続の改善が重要であり，上記の後段の提言は必須の改善策といえる。

(4) 日弁連への異議の廃止

単位会で申立が認められなかった場合の日弁連へ異議申立は，ほとんど認められていないので，対象弁護士と委員の負担軽減の

ために廃止すべきである。

⑸　処分の効力発生時期に関する制度改正

　単位会の懲戒処分は即時に効力を生じ，日弁連に審査請求して
も，その間業務停止され，契約を解約しなければならないのは極
めて大きな不利益なのであり，日弁連の裁決に対しては地裁を飛
ばして高裁に出訴することになるほど，日弁連の判断は重要であ
るから，単位会の懲戒処分は，日弁連の判断があるまで効力を生
じないこととすべきである。

⑹　業務停止に伴う契約解除（日弁連理事会決議）の廃止

　業務停止に伴う契約解除は，日弁連の議決によるだけであるか
ら，日弁連が理事会で，これは法律の根拠を有せず，かつ，比例
原則に反することに鑑み，廃止することとすべきである。

⑺　申立の取下または和解成立の効果

　当事者間で，和解が成立し，懲戒申立の取下がなされることが
ある。この場合には，比例原則に反しないように懲戒事由の低減
理由として十分考慮されるべきである。

⑻　弁護士会の冤罪弁護士に対する賠償責任

　懲戒処分に根拠がなく，日弁連または裁判で取り消された場合，
無実の罪で起訴され無罪となったと似たようなものである。刑事
補償法による補償制度があるが，極めて不備であり，国家賠償訴
訟で勝訴するしかないが，大変な負担であり，弁護士会も批判し

ている。本来は，補償額を値切らないこと，かつ無過失賠償責任制度を導入すべきである。

⑼　欠格事由の縮小

　弁護士法7条1号は禁固以上の刑に処せられた者を弁護士の欠格事由とし，これは国家公務員法38条2号，76条と同旨である。公務員と弁護士は執行猶予付きの場合には除外するか，少なくとも，交通事故など事案の軽い場合などを，欠格事由とすべきでない。

第1章

弁護士活動の自由と独立

1 社会正義実現と弁護士自治

■懲戒制度の濫用

　法曹増員に伴い，法曹倫理の強化により，法秩序の維持や法の支配の発展を目指す考え方がとられ，法科大学院においても必修科目とされた。しかし，残念ながら，弁護士業務の放置や懈怠と共に，横領，詐欺的受任，名義貸（非弁提携）など金銭不祥事が急増し，弁護士会の監督は後手に回り，社会的非難を浴び続けている。他方では，これらの不祥事に巻き込まれるように，極めてまじめな弁護士による進歩的弁護や公益的弁護活動に対する懲戒決定がいくつか現れた。法社会学の泰斗のT.T.弁護士（取消），外国人人権活動家のK.O.弁護士（変更），テレビのコメンテーターのT.H.弁護士，法の支配の伝道者を自認する筆者などに対する戒告などの処分である。光市事件弁護団や消費者側弁護士への多発した懲戒請求は，戒告にならなかったとはいえ，懲戒制度の濫用や不当拡大といえる点で同じ潮流である。

　20年前から法曹増員が主張され始め，法令遵守，コンプライ

第1章　弁護士活動の自由と独立

アンスが叫ばれ，いわば，経済的強者のための法の形式的運用の強化が始まったことに関係している。経済政策の失敗を覆い隠し，債権取立を強引に進めるため，法執行強化の名の下に，何と公益的弁護士まで生け贄にしたのである。それは，安田好弘弁護士に対する強制執行妨害（幇助）罪の逮捕起訴罰金刑であり，弁護士会の主流が告発したので，弁護士会自身が弁護士活動の自由と独立を侵害したとみるべきもので，懲戒以上の弾圧であった（弘中2014：186）。弁護士会は，社会正義の実現を使命とする弁護士の集団であり，この使命を遂行する弁護士を守り，支援することこそが弁護士自治の役割であり，これに逆行している状況は改善しなければならない。

■社会貢献となる弁護活動

　要するに，弁護士会は，「権利（法）のための闘争」「平和に達する手段は闘争である」との進歩的弁護活動（イェーリング1872=1900）を充分理解せず，金銭トラブル事案と公益的な業務熱心型事案とを全く区別せず，味噌も糞も一緒にして，法令に抵触するらしいと思われるものを，すべて非行として処理している。しかし，弁護士会は，社会貢献に積極的な弁護活動を抑止するべきではなく，支援すべきである。上記処分は，単に事実誤認の冤罪に止まらない。団体自治の重大な課題であり，役員が責任を持って検討すべきである。しかし，綱紀委員会，懲戒委員会の独立性（弁護士法56条及び58条）の名目の下に，会長らは，弁護士活動の正当性や独立性について検討していない状況が続いてきた。これを改革しなければならない。

1 社会正義実現と弁護士自治

　本来は，弁護士会内において，役員らが責任をもって，オープンに議論をすべきものである。斗争的弁護活動を懲戒の対象にすらすべきでない。さらには，弁護士活動の意義を社会に訴えていくべき課題である。すなわち，中国において人権弁護士の活動が弾圧されて多くが逮捕・勾留され，実刑にもされている中で，弁護士会はこれらの弁護士を懲戒したり，資格を剥奪すべきか，逆に支援すべきかという問題と同じである。司法制度，法曹制度が発展した欧米や日本でも，同じような現象は生じる（森際 2015）。

■正義の追求

　人権救済，誤判からの救済（上訴・再審）など困難な事件に取り組む弁護士は，法解釈を柔軟に駆使したり，局面打開のためにあらゆる法令を総動員する。多様な調査をしたり，世論喚起のためにマスコミに公表する。時に強引な解釈や手法とみられて懲戒の対象とされることがある。名誉毀損，強要，不法行為などの法令違反と疑われる。

　しかし，弁護士の舌鋒するどい攻撃や積極的活動は，正当業務行為（刑法 35 条）の保護に止まらず，弁護士倫理に合致するものとして，より広く，すべての分野で保障される。つまり，理想的には，弁護士は正義を追求する限り，斗争的手段を選ぶ上で，広い裁量と高い独立性を持つ（日弁連法務研究財団（2014）『法曹国際シンポジウム 2014：弁護士の独立性と弁護士会の指導監督——弁護士非行に対する弁護士会の責務』）。具体的にも弁護士法や弁護士職務基本規程（日本弁護士連合会 2004 年会規第 70 号，以下「規程」という）において，法令の形式的遵守は全くうたわれていない（日

第1章　弁護士活動の自由と独立

本弁護士連合会弁護士倫理委員会編著（2017）『解説・弁護士職務基本規程（第3版）』）。

　逆に，「人権擁護」と「社会正義の実現」がうたわれ，弁護士法の精神からは，広い裁量で法実務，行政実務または悪法へ挑戦することは，奨励されている（日本弁護士連合会調査室（2007）『条解弁護士法（第4版）』弘文堂）。もちろん規程14条では違法不正行為への関与が禁止されているが，正義のために前向きに取り組むことは禁止されていない。同14条の改正案については，第6章で論ずる。

　しかし，懲戒委員会は，すべての懲戒処分で常に「品位を失うべき非行」（弁護士法56条）と空疎な非行概念の異常な拡大をさせたので，早急に自ら内部で類型化などの整理をすべきである。つまり，現在の保守的な裁判所では，弁護士が業務について民刑事の不利益を受けたり，戒告は部分社会の法理から取消されない可能性があることを前提として，弁護士会は過去の判例にとらわれずに主体的に懲戒制度を再構築しなければならない。

■法への挑戦と進歩的弁護

　さらに法の運用，法の補充，法の積極的利用，これら法への挑戦は，弁護士活動の自由と独立の保障の下で成立する弁護士の本来的任務であり，懲戒制度でこれを妨害してはならない。弁護士会は，これを国民に訴え続けなければならない。

　なお，弁護士会は，「公益活動」を会務や国選弁護などと形式的に狭く定義しているが，本稿では「公益的弁護」とは，「勝訴見込の少ない難件や民刑事の誤判についての上訴などで，人権侵害

や被害の救済のため，着手金なし，または低額での受任活動」を指す。進歩的弁護とは，より広く社会の進歩に合わせた弁護士活動を指す。

2　法の二面性（法動態学）

　法は，進歩性と保守性の二面性をもつ（田中成明他（1997）『法思想史（第2版）』有斐閣，山田卓生（2013）『法学入門：社会生活と法』信山社双書）。これに伴い，法曹の業務や役割にも二面性がみられ，進歩的弁護とは，法の進歩性を体現するものである。

(1)　法の進歩性・外来性

　法の進歩的側面とは，外国からの影響を意味しており，外国法の導入に由来する。フランス・イギリスはローマ法の影響を受け，ドイツはローマ法と共にフランス法の導入をした。日本は明治期に全分野においてフランス法とドイツ法を中心とする近代法を輸入した。戦後には，憲法，刑訴，労働法など大幅に米国法を導入した。20世紀後半には，多くの後進国は欧米法を導入し，人権保障を含む民主主義的制度を入れた。一般的に憲法はフランス革命の影響下の宣言的なものとして，進歩的である。

　しかし，社会実態はこれらの進歩的外来法を短期に受け入れるには困難を伴う。長い期間をかけて法曹の努力により，漸進的に定着させるのが法の支配である。

　また，近代法は資本主義経済とセットとなっていたため，階級闘争，戦争，公害の中で人権保障を核とする近代法の浸透は遅れ

第 1 章　弁護士活動の自由と独立

た。そのうえ，生ける法として，民間に根付いた習慣は容易に変えられなかった。日本では，特に刑事司法の実務における生ける法は，人質司法として現在まで近代法思想を拒み続けている。

下記 3 件は，人権を守り，被害を回復するための先進的な弁護士の挑戦であり，いずれも遅れた国家法により刑罰が科せられても，進歩的な正当な弁護活動として懲戒されるべきではない。特に冤罪救済は，証拠に基づく近代裁判の原則を貫くもので，現在でも全面証拠開示制度のない日本では，法への挑戦として最も優越した価値をもつ正当業務である（指宿 2014）。

①　首なし事件

1944 年の警察署内被疑者死亡事件で，正木ひろし弁護士は真実発見を目的として，墓の中から暴行された被疑者の首を切り取り鑑定し，拷問をした警察官を特別公務員暴行陵虐致死罪に追い込んだ。墳墓発掘罪と死体損壊罪が問題となったが，不起訴となり，懲戒も受けていない（正木 1973）。まさに，正当な業務とされた。

②　丸正事件

1955 年の殺人事件について，正木ひろし弁護士，鈴木忠五弁護士は冤罪弁護のために被害者の親族を真犯人と公表した。両名は名誉毀損罪とされ，正木死亡後鈴木は，禁錮 6 ヶ月（執行猶予 2 年）の間資格喪失した（鈴木 1985）。証拠開示の制限下の後進的制度の中では，冤罪救済のための弁護活動は許容されるべきで，刑事罰は不当であった。英米では，裁判審理充実のために弁護士特権が認められており，名誉毀損についての刑罰や不法行為の責

を負わない法理があり，これに準じるべきだからである（後述第4章）。

③　ユーザーユニオン事件

1970年結成の欠陥車被害者団体「日本自動車ユーザーユニオン」の幹部は，メーカー5社に対する恐喝罪で有罪とされた。同時に顧問弁護士の安倍治夫弁護士も共犯で執行猶予付懲役2年となり，資格喪失となった。検事のときにハーバード大学に留学し，吉田巌窟王を支援し，検察批判もしていた。弁護士となり，米国の製造物責任訴訟の成果を導入すべく，証拠開示制度のない日本での難件として取り組んだ先駆的消費者被害事件である（伊藤1993）。暴力行為でもなく，訴訟前のあるべき交渉にすぎず，マスコミへの公表手段も弁護士としての裁量であり，恐喝ではなかった。検察批判への報復的刑事罰で極めて不当なものであった。

上記の弁護士も，②の鈴木と，③の安倍は，禁錮以上の刑の場合を欠格事由とするとの弁護士法7条の効果をうけたものである。しかし，弁護士法には国家公務員法76条の当然失職の明文はないので，登録取消処分を要するとの学説もあったので，弁護士会は，これらの権力の攻撃に対抗して，徹底的に弁護士を支援すべきであった。つまり，進歩的弁護や公益的弁護に対する，権力の刑事的攻撃やスラップ的懲戒申立には断固として対抗しなければならない。弁護士会は，弁護士の業務が一見犯罪のようにみえるもの，あるいは犯罪とされてしまうものでも，正当な評価をする方針を持つべきであり，この強い方針のない過去の歴史が現在の大きな混乱を引き起こしている。

第1章　弁護士活動の自由と独立

⑵　法の保守性・固定性

　日本は，近代法の内の産業育成のための法令輸入により，アジアの中で唯一といえる近代化に成功した。しかし，人権思想の法整備は著しく遅れた。つまり，産業や生産の自由化に伴う発展に従い，人権侵害，冤罪，公害，労災，消費者被害，差別，デフレ下の生活苦や自殺などが大量に発生した。

　これらに対して，米国では，司法が，欧州では行政が主導して解決した（ケイガン2001=2007）。日本では，いずれの道もとりえなかった。法の運用や立法によっても解決できない状況で，弁護士の業務は極めて困難なものに陥った。

　そして，現在では，原発，災害を始め，女性，子供，障害者，外国人などをめぐり潜在化してきた難件が多く顕在化しつつある。つまり法による解決が求められているものの，救済は著しく遅れ，人々の自律的行動とこれと共に歩む弁護士の協働が必要とされている（馬場1994）。

　法とは議会法だけではなく，行政の政令，省令，通達やガイダンス，団体の規則やガイドラインを含めて，トータルなものととらえなければならない。これらが保守的・固定的である限り，次々と現象する社会的課題を解決できない（遠藤2012b・2012c）。法の保守性，固定性に着目し，漸進的運用をする努力が必要となる。

　最近では，外来法の進歩的な側面が大きく覆い隠され，学者の進歩的意見の影響力は小さくなった。裁判所の判例の積み重ね，行政実務の慣行により法は固定化し，ときに後退し，保守的傾向が顕著となり現在まで推移した。

　しかし，社会の変動は大きく，法は社会実態に遅れ，乖離する

ようになった（李 1994）。同時に，深刻な問題は戦後の経済成長が行政主導であったため，多くの強固な経済的規制は，画一的で古いままであり，新しい経済社会の進展に遅れをとっていることである（遠藤 2002）。行政分野の法への挑戦は強く求められているものの，司法消極主義の下では，著しい難件として扱わざるを得ない。

3　法と裁判の補充

　資本主義社会では，富める者と貧しい者との格差は大きく，貧者の数は膨大である。事業者の内でも零細業者が占める割合は大きい。司法制度，特に弁護士制度は，富める者に有利で，貧者には極端に不利である。しかし，弁護士が弁護士費用を支払えない貧者の依頼を拒否していては，司法そのものが維持できない。プロボノ活動は，弁護士制度の中核となる。貧者の事件の多くは，法制度や法システムの不備や欠陥，不合理性から生じている。プロボノ活動は法の補充，法への挑戦の場面が多くなる。司法は，社会の動向を反映せず，保守的価値判断を判決や決定で押しつけてくる。しかし，社会は常に動いている。

　弁護士の公益活動とは，人々の意見，意識を反映させる行動である。法の補充，悪法への挑戦は弁護士としてのもっとも高潔な役割であり，称賛されても，懲戒されるものではない。私的非行，横領，詐欺などを広く厳しく取り締まる必要があることに，公益的弁護を巻き込んではならない。弁護士会や法科大学院は，法曹倫理を広く深く研究し直さなければならない（遠藤 2000）。

第1章　弁護士活動の自由と独立

　格差社会における司法の機能不全を解決するための制度は，①英国を中心とする法律扶助制度，②ドイツを中心とする弁護士保険制度，消費者団体訴訟制度，③米国における成功報酬制度，公益弁護活動（片面的敗訴者負担制），クラスアクション，懲罰賠償制度，プロボノワーク，リーガルクリニックなどである（宮澤2008）。

　学生・労働者の刑事弁護，公害や消費者被害の救済などは，無償または成功報酬型（公益型）であり，日本でもこれらの活動により，司法が維持されてきたという歴史的評価ができる。筆者も，若い内は救援センター，人権100当番，クロム禍訴訟，アスベスト禍研究などプロボノワークに従事し，デフレ下に置いては，困窮する多くの人々を救済してきた（遠藤1992，2007b，2012a）。

　法令は固定的なものであり，社会の変化に遅れ，現状に合わない状況になりやすい。日本では，インフレ経済からデフレ経済に激変したとき，多くの法令は人々の生活を支援するどころか，法の執行が人々の生活に大きな打撃を与えることとなり，自殺者も急増した。保守的・固定的な法が，いわゆる悪法と見なされるとき，人々は，法令よりも生活や仕事を重視する。弁護士がこれに加担するとき，倫理違反とみなされるかが問題となる。

　しかし，法と社会の乖離が大きいときには，弁護士は社会の正義や公正という実質的な合法性を求めて，法の運用に挑戦し，多様な手段をもって，法を進歩させねばならない。この動態的法形成を法曹が担うことを法動態説と呼ぶことにするが，これによれば法曹の業務は進歩的役割と保守的役割に分れ，裁判の場面でも進歩的弁護と保守的弁護に分れる。以下の3例は，進歩的弁護で

38

あり，法の補充として弁護士倫理違反とすべきものではない。

①　安田好弘弁護士事件

1996年住宅金融債権管理機構（後の整理回収機構RCC）の代表中坊公平弁護士（元日弁連会長）は，安田好弘弁護士を強制執行妨害罪で告発した。デフレ下で債務者に法的助言を行った件について，従前，ほとんど死文化していた強制執行妨害罪で，1998年逮捕され長期拘留の上起訴された。一審無罪，高裁・最高裁で幇助罪50万円の罰金となったが，最高裁判事田原睦夫（弁護士）の無罪の反対意見の通り（最判平成23年12月6日判タ1373号156頁。），正当な弁護士業務である。

一定の債務者保護は弁護士の重要な業務であるが，とりわけ当時の社会の要請であった。死刑廃止運動家への弾圧だけでなく，弁護士会が権力と組んだと思われてもやむを得ぬ，法曹史上最大の汚点となった。

②　倒産処理における税金と銀行債権の劣後的扱い

零細企業の倒産に伴い，第2会社に事業譲渡をし，事業継続しながら，旧会社を任意に清算させることがある。この場合，一般債権者も零細企業であり，この一般債権を優先債権とし，税金と銀行債権（保証協会付債権）を劣後させる処理がある。民事法上，詐害行為となる可能性がある。このような事業譲渡を助言指導してよいか。外国法では，日本のような税の優先主義，債権者の絶対的平等主義を必ずしもとっておらず，多様な方式があるのに対して，日本法は画一的で遅れているといえる。

しかし，税務署や銀行は公益性を持つが故に，詐害行為取消権

第1章　弁護士活動の自由と独立

（否認権）を行使する可能性は少ない。よって，公益に資する方式として弁護士倫理違反にするべきではない。なお，会社法23条の2（2014年追加）では，詐害的事業譲渡の譲受会社に債務履行を請求できるとされたことは，法の後退であるが，承継財産の価額を限度とするので，取引先やノウハウの譲渡のみの場合，価額はゼロに等しいため，上記方式は未だ可能である。

③　夫から妻への自宅譲渡（財産分与）

夫が破産手続に入る前に，夫名義の自宅を離婚に伴う財産分与として妻に贈与し，家族を守る方法がある。抵当権の設定されている場合であっても，妻が住宅ローンを払い続けることにより，住居を維持できる。抵当権債務の少ない場合や設定されていない場合には，妻が利益を得るが，妻の財産分与請求権を優先債権として，他の債権者からの詐害行為取消権や否認権の行使を否定できるかが問題となる。諸外国では自宅保護政策，居住用財産への差押禁止の法令があり，日本法は遅れている（遠藤2007b）。弁護士が上記譲渡を指導しても懲戒にすべきでない。

なお，法の保守性，後進性の問題が裁判制度に存するときには，裁判制度自体の補充，裁判の運用の補充のために弁護士の活動が最も重要となる。弁護士倫理違反としてこれを抑制するような懲戒は，法の支配の進展に反する。例えば，文書提出命令の文書は拡大されたが，即時抗告にならないように，「必要性なし」で却下する狭い運用になっている（遠藤1988，2000）。必要性を強調するため，文書提出命令申立で横領や背任などと責め立てる活動も正当業務活動となる。

第2章

弁護士懲戒の類型化

1 弁護士業務と合法性

(1) 社会変動と歩む弁護士

　日本において法の進歩性・外来性は，法の精神または法の思想といえる。法の保守性・固定性は，現行の法令，判例，行政実務といえる。人々はこれらを変えようとし，弁護士はこれを助言する。弁護士会は，人権委員会，公害委員会，消費者委員会などで，常に進歩的弁護を支援してきた実績がある。しかし，懲戒委員会は，研修所教官経験者や判検事など，法の保守性を重視し，法の進歩性を軽視する委員で構成されている。それ故に，進歩的弁護の懲戒巻き込まれ案件が増加しているのである。そもそも，進歩的弁護と弁護士倫理は，深く掘り下げた議論すらされてこなかった。本稿では，社会変動に伴い，人々が法の変動に参加することは社会的な善であり，弁護士がこれを支援することは，まさに弁護士総体の義務であることを論証する。

第 2 章　弁護士懲戒の類型化

■法を後退させる悪徳な法曹

　ここで，弁護士はブラック企業，悪徳商法，悪徳政治家をも弁護できるのだから，そのような義務はないとの反論もありうる。しかし，悪徳行為の代理などの保守的弁護には抑制が必要である。下記の形式的合法性から実質的合法性への進展，つまり，実質的合法性に向かう社会的変動に対して，弁護士，判事，検事は，形式的合法性に固執したり，形式的合法性をかなぐり捨ててまで後退しつつ保守的業務をしてはならない。この熱心さは倫理に反するどころか犯罪となる。法の進歩の内，近代裁判の進歩は最も重要である。村木事件の証拠改ざん行為，袴田事件の証拠捏造行為など恐るべき権力犯罪が現在まで綿綿と続いており，民事事件でも同様に偽証や偽造が行われている。裁判制度を破壊し，法を後退させる悪徳な法曹や悪徳な業者や団体は，徹底的に弾劾されねばならない。

■スラップ申立

　すなわち，法の進歩を示す動態的法形成を促すには，弁護士会の懲戒制度の運用において，悪徳業者の代理人には厳しく，進歩的弁護（公益的弁護）の代理人には緩やかにするべきこととなるが，従前には，理論化されず，明確な方針となっていなかった。これに直接関連する最近の重要課題としては，相手方からの懲戒請求の多くは，いわゆるスラップ申立であることである。攻撃的弁護活動たるスラップ（「SLAPP」strategic lawsuit against public participation）とは，「公共的な市民運動に対抗するための戦略的訴訟」である。経済力を持つ企業や政府系団体が，これを批判する市民

42

運動や言論活動の中心人物に対して，業務妨害や名誉毀損で刑事告訴や民事訴訟を行うものである。威圧訴訟，恫喝訴訟といわれ，運動弾圧型と言論抑圧型がある。

■正義と進歩的弁護

弁護士業務に対する懲戒請求による攻撃も，スラップ請求として制限されねばならない。例えば，2004 年団体ホームオブハート（HOH）の脱会者らは，団体内部の児童虐待を告発し，団体の実態を公表したことから，団体は脱会者の代理人の紀藤正樹弁護士らに対して，名誉毀損と業務妨害の損害賠償請求訴訟，懲戒請求を数回にわたり申し立てた（山本ゆかり 2016：16）。脱会者らは逆に消費者被害訴訟を提起した。団体の弁護士は多額の報酬をもらい，被告側弁護士は難件として進歩的弁護・公益的弁護にほぼ無報酬で従事せざるをえない。そこで弁護士会は，双方の懲戒申立合戦において，法的正義のために，裁判所の保守的判断にとらわれずに進歩的弁護を強く支援しなければならない。

(2) 法の支配の二面性（自然法論と法実証主義の統合）

前記「法の進歩性と保守性」を歴史的に捉えて，法哲学者タマナハ（2004=2011）は，「法の支配」には法治主義（保守的面）と自然法論（進歩的面）の二面があると分析する。芦部信喜は，「法治主義」（議会法優先主義）に対して，「法の支配」（憲法優先主義）を対置した。本稿ではタマナハ理論を参考に「法の支配」をより広く連続的にとらえる（遠藤 2016）。近代議会制成立前までの間，支配者の制定する権力的な法に抵抗するために，実定法を越える

価値（人権，平等，正義）を含む自然法が主張された。実定法の抑圧的欠陥を人間的道徳をもって補充したり，人々の納得のいく妥当な結論へと導くようにした。これは法創造機能といえた。

　しかし近代民主制議会の成立により，議会制定法が絶対視されるようになった。自然法論は後退させられ，法治主義，法治国家と呼ばれるようになり，実定法一元論としての法実証主義が確立する。法解釈論としては，立法者意思説がとられ，法と道徳は厳格に分離されることとなる。法体系の自己完結性を主とする概念法学，形式論理的演繹を行う機械的法学，法教義学に至る。英米では，判例法主義として，長い間に次々に新しい判例が成立していたが，いつしか，先例拘束性の原理の絶対視，法宣言的裁判観の成立と共に，法実証主義が支配的となる。特に，19世紀，資本家の求める権利たる所有権，契約の拘束性などをドグマ化しつつ，法の中に，予側可能性と安定性を強調する法実証主義が一般的となる（田中 1994：282-289）。

　しかし，20世紀から，資本主義の進展により，労働者，消費者の拡大に伴う社会経済の大きな変動が来る。ドイツでは，法実証主義からの脱却を目指し，自由法運動，利益法学の主張などにより，司法的立法，法創造的裁判などが進められた。英米においても先例拘束性の緩和がされ，社会変動に側した実質的法的安定性が求められた。特に米国では社会学的法学，リアリズム法学という法社会学的視点からの分析により，法的推論だけではなく，社会統制による妥当な解決を求める方法が支配的となっていく。

　すなわち，法実証主義克服運動が広がり，自然法の価値の実現という法の支配へと向かうこととなった（青井 2007：202-302）。

特にナチスの拡大と残虐行為を，立法と司法が阻止しえなかったばかりか是認したことを，形式的法治主義の弊害，自由法論の悪用とみて，自然法の再生が唱えられた。このような経過により，現在では法の支配の二面性（法形式主義，法実質主義）を動態的に，法社会学的に把握し，統合しなければならないことが明らかにされた（タマナハ 2004=2011：129-161，長谷川 2006：26）。

(3)　形式的合法性と実質的合法性の連続性（法動態説）

タマナハ（2004=2011）は上記二面性を，法理学的分析用語として形式論（formal versions）と実質論（substantive versions）に，また形式的概念（formal concept）と，実質的概念（substantive concept）に分ける。本稿では形式的合法性（formal legality）と，実質的合法性（substantive legality）の用語を使う。この2つの用語が以下の目的と特性をもち，各判断基準をもって個々の事案に適用することがふさわしいものとして提示する。

①　**形式的合法性**──（目的）秩序維持，法令遵守，（特性）先例踏襲，固定性，安定性，明確性，予測可能性，一般性，画一性，抽象性，法的拘束力の一面性・強度性，（判断基準）制定法，下級法令，判例，生ける法，古い慣習，固定的行政実務

②　**実質的合法性**──（目的）自然法の価値実現，人間性尊重原理，人権，自由，平等，平和，福祉の実現，正義の追求，（特性）先例変更性，柔軟性，可変性，個別性，暫定性，救済性，緊急性，具体性，法的拘束力の多様性・非強度性，（判断基準）憲法，上級法令，外国法，条理信義則，ソフトロー，社会常識，世論

第 2 章　弁護士懲戒の類型化

　形式的合法性と実質的合怯性について，合法性と名付けている
ことが重要であり，他の用語より適切である。合法性の反対概念
は違法性ということになる。合法性を逸脱すれば，違法とみなさ
れ，刑罰，民事賠償，行政処分，団体除名などの制裁を受けるこ
とになる。日本では，極く例外を除いて，形式的合法性を中心に
合法と違法を区別してきた。すなわち，法令や通達の文言，過去
の判例の結論に拘束されてきた。形式的合法性の逸脱により直ち
に制裁を受けるため，法令遵守こそ最も重要な義務と考えられた。
日本人が欧米に比してルールをよく守るとは，これを意味してい
る。

■刑事罰の回避

　しかし，実質的合法性の概念を入れ，合法の枠を広げれば，従
前，形式的合法性違反のみで違法とされてきたことが，実質的に
合法として違法ではなくなる。特に，刑事罰を回避できることが
最大のメリットとなる。市場，医療，会計，法務の分野で刑事罰
が拡大されてきたことを抑止できる（遠藤 2012c）。また，民事の
請求権の拡大と縮小を理由づけできる。そもそも実質的合法性へ
踏み出す弁護士活動を倫理違反の対象とすべきでなく，仮に弁護
士懲戒事案としても誤判を防げる。

■合法の枠を拡げる

　法令における形式的合法性が社会に適合していない場合は，
徐々に柔軟に解釈し，実質的合法性を求めて新しい解釈をしなけ

れ ば な ら な い 。 特 に ， 悪 法 と し て こ れ に 従 わ な く て も よ い か と の 問 題 と な り ， 慎 重 か つ 果 敢 な 対 応 が 必 要 と な る 。 例 え ば ， イ エ リ ネ ッ ク は ， 権 利 の た め の 斗 争 に よ り ， 新 し い 法 の 産 出 ， 維 待 ， 改 変 と い っ た ， 法 の ダ イ ナ ミ ズ ム を 確 保 で き る と す る （森元 2006：167）。 ま た ， ド ゥ オ ー キ ン （1986=1996） は ， 各 事 案 に お い て ， 形 式 的 合 法 性 を 示 す 慣 例 主 義 （conventionalism） と 実 質 的 合 法 性 を 示 す プ ラ グ マ テ ィ ズ ム の 視 点 を 乗 り 越 え て 「統 合 性 と し て の 法」 を 提 示 し ， 「構 成 的 解 釈 モ デ ル」（中山 2000：87） ま た は 「整 合 的 法 解 釈」（平野 2007：107） と 解 説 さ れ て い る 。 ま た ， 応 答 的 法 （ノ ネ ＆ セ ル ズ ニ ッ ク 1978=1981） と は ， 合 法 性 を 保 持 し た 上 で の 目 的 志 向 的 な 法 の あ り 方 で あ る と い う 解 説 が さ れ て い る （平野 2007：113） の も ， 合 法 の 枠 を 広 げ る と い う 同 じ 趣 旨 で あ る （宮澤 1998）。

■法の進展と法の支配

形 式 的 合 法 性 の 解 釈 に お い て も ， 実 質 的 合 法 性 を 常 に 意 識 し て い る 限 り ， 妥 当 な 解 釈 に 行 き つ く 。 し か し ， 実 質 的 合 法 性 を 常 に 意 識 し ， 点 検 し な い 限 り ， 社 会 の 目 的 に 反 し た 後 ろ 向 き の 解 釈 に な っ た り ， 形 式 的 合 法 性 か ら の 逸 脱 に も 気 づ か な か っ た り ， 形 式 的 合 法 性 を も 無 視 す る こ と に な る 。 形 式 的 合 法 性 を 尊 重 し つ つ ， 社 会 的 目 的 を 求 め て 実 質 的 合 法 性 へ の 踏 み 出 し と は 何 を 基 準 に す べ き か が 課 題 と な る 。 社 会 の 進 展 に 合 わ せ て 法 を 進 展 さ せ る こ と ， 漸 進 的 に 改 変 さ せ る こ と ， ソ フ ト ロ ー の 柔 軟 な 運 用 を 利 用 し て ハ ー ド ロ ー を 改 変 さ せ て い く こ と で あ る （遠藤 2014）。

こ の 法 動 態 説 に よ れ ば ， 法 曹 の 役 割 と は ， 進 歩 的 活 動 が 核 で あ り ， 保 守 的 活 動 は チ ェ ッ ク 機 能 や 監 視 機 能 を 担 う も の で あ る 。 法

曹は，個々の案件において法の支配の「漸進性」の形，方法，理由を提起する義務を負うといえる。法の支配とは，①暴力の排除，②真実の情報と言論の自由に基づく民主主義，③漸進的改革を要件とする（松尾 2012）。一般には，③を理解されていない。②の真実と言論に基づく民主主義は，必ず社会の課題や紛争を，僅かでも一歩進めて解決するという明らかな哲学がある。

芦部信喜の「法の支配」という憲法優先主義は，古い法令や判例を無効とし，飛躍する面があり，漸進的改革，動態的変化，具体的ビジョンの提示とは受けとられず，イデオロギーとして機能した。残念ながら，最高裁や社会において，憲法の理念が現実には生かされない状況が続いた。

(4) 形式的合法性の不順守

弁護士が法令に違反し，懲戒を受ける理由は，形式的合法性に違反するからであり，以下の類型である。規程の各条文はバラバラであり，実害が何かで分けておらず，極めて分りにくいので，下記5類型に分類する。先行研究には見られない，初めての試みである。先行研究に，法哲学，法理学，法社会学の成果をとり入れて展開したものである（飯島澄雄・飯島純子（2013）『1060の懲戒事例が教える弁護士心得帖』レクシスネクシス・ジャパン，弁護士倫理実務研究会（2013）『改訂弁護士倫理の理論と実務・事例で考える弁護士職務基本規程』日本加除出版株式会社,日本法律家協会（2015）『法曹倫理』株式会社商事法務，高中正彦（2011）『判例弁護過誤』弘文堂，ロナルド・D・ロタンダ（当山尚幸・武田昌則・石田京子訳）（2015）『アメリカの法曹倫理 —— 事例解説（第4版）』彩流社, 小島武司他（2006）

『法曹倫理（第2版）』有斐閣。特に裁判官の立場では難件の進歩的弁護における弁護士の役割への論及は困難とみられる。加藤新太郎（2000）『弁護士役割論（新版）』弘文堂。）。

1 一般非行型（Bad）B型（規程6，9，15，16，17条）（犯罪規律違反型）

2 金銭非行型（Money）M型（規程10，11，12，13，21，24，25，38，39，45条）（私欲型）

3 懈怠（強要）型（Negligence）N型（依頼者侵害型）（規程7，18，19，22，23，29，34，35，36，37，40，41，43，44条）（善管義務違反型）

4 利益相反型（Conflict）C型（規程27，28，32，42，53，54条）（忠実義務違反型）

5 不当業務型（Unfair）U型（相手方侵害型）（規程5，14，20，31，52，74，75，77条）（法違反型）

懲戒委員会決定では弁護士法56条の解釈として，上記全てを非行とまとめるが，妥当ではない。上記**1 2**は明白に非行といえる。**1**は，犯罪行為として，また弁護士会規則違反として，明白確実だからである。**2**は，弁護士の公共性を害する内，弁護士の私的利益と衝突する利益相反（私益型）もあるが，最も禁止すべき私欲型として非行としてよい。**3 4 5**は，法制度の不完全性を前提として，依頼者や相手方との関係性の中で弁護士の懈怠かやりすぎか，実害は何か，を明らかにすべきものである。つまり，非行とせず，懈怠と権利失効，自力救済と防御権侵害などと具体

第2章　弁護士懲戒の類型化

的な手段と実害を明確に記載すべきである。そうすれば，誤まった処分を防止できる。懲戒委員も判断しやすくなる。隠当な態様と軽い実害のときには，内部の検討義務付事案にするなどの改善案もありうる。**3**は善管注意義務違反，**4**は忠実義務違反であり，民商法では厳格な区分をしない。しかし，弁護士倫理では，**4**を抜き出して，特別な類型として扱うことに異議がある。

5は，憲法，法令，ソフトローという法に違反し，何らかの実害を発生させ，または公益を害す行為である。しかし，これらとの区別をしづらいものもある。形式的合法性に抵触するように見えても，実質的合法性を追求している場合（法漸進型）であり，公益を進めるものである。それは後記の正当業務型（Fairness）F型であり，その内には公益型（Public）P型が多い。原則として，懲戒不相当類型である。

2　懲戒 5 類型

筆者は，日弁連の「自由と正義」の，弁護士懲戒処分の公告（以下「公告」という）について，平成 15 年以降 28 年まで，14 年間のすべての懲戒処分を類型化した。上記の B 型と M 型は，弁護士制度の秩序や信頼を害する非行型であり厳しく運用すべきだが，N 型は依頼者からの申立となり，U 型は相手方からの申立であり，C 型は隣接士業にない弁護士特有の倫理であり，それぞれ視点を変えて何が問題かを中心に検討すべきものである。また，従来，懲戒の判断には弁護士報酬について，無償か，成功報酬か，着手金の返還後かについて，考慮してこなかったが，これが最も重要

な要素となることを論証する。

(1) 懲戒相当類型

1 一般非行型 （Bad）B 型（犯罪規律違反型）

① **私的非行型**——セクハラ，強姦，痴漢，覚せい剤，酒酔運転事故，脱税など。禁錮以上の刑と推定されるものに，不起訴でも確定前でも業務停止とする運用となっている。罰金と推定されるものには戒告とする運用となるが，その基準によれば，セクハラや不倫などについて事実認定の面も含め，厳しすぎる処分もみられる。

② **地位濫用型（規律違反型）**——弁護士の肩書利用行為，弁護士会規律違反（研修義務懈怠・負担金不納付など），代理人でないのに住民票などの職務上請求すること，弁護士業務停止中の業務，会費滞納

2 金銭非行型 （Money）M 型（私欲型）

法曹は，自己の利益より，紛争の当事者，依頼者の利益を優先し，公共性を旨とすべきである。一般のビジネスと同じに考えると，金銭問題を起こすこととなる。

① **金銭トラブル型**——預り金流用，横領，背任的行為，金員を清算し返還すべき義務の遅滞，着手金受領後放置（詐欺的受任）

② **非弁提携（侵害）型**——債務整理において名義貸，非弁提携，または事務員への一括委任の方法で，業務放置したり，適正な代理業務をせず，依頼者を害し，過大かつ不当な利得を得るもの。依頼者を金銭的に害するものとして多発しているので，金銭非行

第2章　弁護士懲戒の類型化

型に入れるべきである。過払い金請求事件の広告をする者は，宇都宮健児弁護士らの長年の進歩的弁護の成果にフリーライドし，過大不当な利益を奪う消費者被害を発生させている。非弁提携撲滅，広告禁止だけでなく，弁護士会が今や低額の弁護士費用で，簡素な手続でできることを広報すべきである。

❸　懈怠（強要）型　（Negligence）N 型（依頼者侵害型・善管注意義務違反型）

①　**一般的懈怠強要型**——上訴期限の徒過，消滅時効の徒過，依頼者の同意なく和解すること，説明義務違反，秘密保持義務違反，依頼者の意思を無視し確認しない代理行為，依頼者の意に反する強要行為などにより，依頼者の利益を害するものである。但し，依頼が確定していない場合，上訴しても見込みのない場合には懲戒不相当となる。特に着手金未受領や返還後であれば，懲戒不相当は明らかである。公告では区別がつかないこと自体が問題である。

②　**債務整理懈怠型**——貸金業法 21 条 1 項 9 号によれば，弁護士は債務者代理人として債務整理（任意整理，破産申立）で債権者に受任通知をし，債務者を債権者からブロックすることが，重要な保護手続となっている。直ちに破産申立をできれば容易だが，任意整理から進行すると以下の通り，困難な業務となり，依頼者（債務者）と債権者の双方からの懲戒申立のリスクを負う。

(a)　任意整理の支払総額，偏頗弁済の是非，弁済可能資金の確保などの見直し困難の中で，業務が円滑に進まなくなる場合

(b)　任意整理を断念し，破産手続を選択する際，依頼者が破産

申立を正式に委任しない場合または必要な書類や実費を提出して
こない場合。

　(c)　上記(a)や(b)の場合に，債権者の催促にもかかわらず2～3
年経過すると，債権者から懈怠として懲戒請求され，戒告とされ
る例がみられる。不法行為で敗訴することもある（東京地判平成
21年2月13日判時2036号43頁，東京地判平成25年2月6日判時
2177号72頁）。しかし，債権者は権利行使を制限されていないし
訴訟も可能であるので，不法行為でもなく，懲戒制度の濫用であ
る。

　(d)　債権者からの懲戒請求を避けるため，債務者代理人を辞任
する場合には，依頼者の意向に反することとなる。依頼者が懲戒
請求しても，着手金を受領してない場合や着手金を返還するとき
には，懲戒不相当である。着手金を返還しないときには，履行し
た業務の記録などを保管し，依頼者側の不協力を疎明する必要が
ある。弁護士をこのような不毛状況に陥らせないためには，受任
通知のブロック手続のみの利用は，何ら法制度の悪用ではなく，
弱者保護政策とし，債権者の懲戒請求を却下すべきである。

　(e)　日弁連は，金銭非行型②非弁提携型の防止を目的に，「債
務整理事件処理の規律を定める規程」を公布したが，上記課題に
ついてはふれておらず何ら対策を取っていない。

４　利益相反型　（Conflict）Ｃ型（忠実義務違反型）

　①　一般的利益相反型──弁護士の代理業務では利益相反行為
を禁じられている。しかし，コンサルタント，不動産業者や隣接
士業では，利益対立があっても複数の関係者の調整をし，複数の

者から報酬を得ることも可能である。しかし，弁護士に限り実質的な利害対立が生じる場合には，双方の依頼をうけての業務をすべきでないことになる。H.K. 弁護士の双方代理（業務停止3ヶ月）に衝撃を受けた筆書は，「中立型調整弁護士モデル」，「利害調整後の複数代理モデル」を公表し（遠藤1993），日弁連でも採用された（日本弁護士連合会弁護士倫理に関する委員会編（1995）『注釈弁護士倫理』有斐閣，110頁。塚原英治他（2004=2005）『プロブレムブック法曹の倫理と責任（上）』現代人文社，154頁）。弁護士の活動が広がっていった時代の要請であり，このモデルによればK弁護士の中立型調整業務は可能であった。同弁護士は当時から公益弁護に従事し，その後在留邦人の国籍申請，反原発訴訟の公益に尽くす高潔な弁護士であることからも，懲戒委員会はより慎重に対応すべきであった。初めてのケースについては，懲戒委員会だけに任せず，会内で慎重に検討すべきである。

②　**管理人型**——遺言執行者（後見人または破産管財人）などの管理人の立場に立つとき，利益相反が問題となる。遺言執行者に就任し，さらに相続人の代理人となる場合，以前には利害相反にはならないと評価され許容され，日弁連調査室も同じ見解を公表していた。しかし，日弁連は2000年頃より，利益相反の禁止（規程27条1号・27条5号・28条3号），または職務の公正確保（規程5条・6条）を理由に，遺言執行の終了後か否かを問わず，多くを懲戒相当とした。但し，共同事務所内で遺言執行者と相続人代理人を別々に分担した件で，規程57条（同27条・28条と同旨）違反が問題となったが，2010年日弁連は，「遺言内容において遺言執行者に裁量の余地はなく」「実質的に見て利益相反はない」

とし懲戒不相当とした（『解説・弁護士職務基本規定（第3版）』，日弁連調査室（1997）連載・弁護士の業務責任［第13回］山川隆久「遺言執行者と相続人の関係」自由と正義（1997年6月号）48巻6号162-164頁，柏木俊彦（2009）「弁護士が遺言執行者に就任した場合と利益相反の問題」判タ1283号30頁）。このような経緯からすれば，弁護士会では明確な指針を作りその発布後のみ懲戒とすべきであった。そして，現在では実務上は，共同事務所での分担，裁量の余地のない遺言作成，遺言執行者にならずその代理人となる場合には，戒告とすべきではなくなり，今後はこの問題は減少するであろう。

5 不当業務型 （Unfair）U型 （相手方侵害型・法違反型）

依頼者の利益のために相手方に不当な業務を行うものである。主たる懲戒申立者は相手方となる。依頼者主導型と弁護士主導型がある。弁護士報酬を取りつつ形式的合法性を逸脱する私欲型として懲戒相当となる。しかし，人権や正義を目的とし，報酬を受領していない場合は，公益型として戒告不相当となる。

① **違法行為型**——違法行為への関与，文書偽造，相手方への威迫強要または脅迫，暴力団（関係者）を利用すること。

② **自律行為型**——法令手続外の自力救済，詐害行為，脱法的行為，節税，マスコミやネットを利用する訴訟外での不必要な名誉毀損行為など。

③ **裁判悪用型**——証拠の不当な扱い，偽証，隠匿（文書提出命令違反），偽造文書提出，真実義務に反するとき，不当訴訟・スラップ訴訟，訴訟での不必要な名誉棄損。

上記②③は実質的合法性を追求する後記正当業務型と区別しな

第2章　弁護士懲戒の類型化

ければならない。たとえば，悪徳商法を行う団体と弁護士が，消費者側弁護士から詐欺や悪徳弁護士と非難され，これに対して，団体側弁護士が信用毀損や業務妨害と反論し，互いに損害賠償請求や懲戒申立をする場合，団体側弁護士は私欲型として上記②③に該当することがあるが，消費者側弁護士は公益型として正当業務行為となり免責される。私欲型のスラップ申立に対して，法の進歩に向けて表現の自由や法廷弁論主義の下で弁護士の自由と独立を守らねばならないからである。

④　**直接交渉型**——規程52条に「相手方本人との直接交渉」の禁止がある。弁護士と「法令上の資格を有する代理人」に適用される特殊ルールである。面会や電話などによる「交渉」の禁止のみであり，メールや通知などによる単なる「連絡」は除かれる。また規定上でも「正当な理由」があれば禁止されない。これらの要件を慎重に検討すべきだが，実害もないのに，不当に拡大しすぎている傾向がある。

⑵　懲戒不相当類型・正当業務型（Fairness）F型（法漸進型）

　F型とは，勝訴するに難件の業務，または貧者や弱者のための業務であり，無償または低額の弁護士報酬または成功報酬でやらざるをえないものであり，実質的合法性を追求する限り，その多様な斗争的戦法は正当業務行為であり，懲戒不相当となる。犯罪行為（名誉毀損罪など）に一見該当するような場合でも，刑法35条により弁護士業務として違法性が阻却される。しかし，それに止まらず，そもそも弁護士倫理の構造から見て，弁護士の本来の

業務として積極的に評価されるもので，初めから懲戒対象とならないことを意味している。医師が刑法35条により傷害罪にならないことは当然であり，危険な積極的医療が患者の利益になるか，医療の進歩（公益）のために許されるかは，倫理面での課題となるが，懲戒の対象とならないのと同じに考えるべきである。

　進歩的弁護または公益的弁護と言うべきものが多い。目的正義型として，人権救済，えん罪救済，被害救済，誤判救済，紛争終了，紛争予防，犯罪予防，手続正義などの重要な目的をもつ行為である。困窮者救済型，プロボノ型，成功報酬型が多数の割合を占める。

　主たる懲戒申立者は事件の相手方である。一見すると上記U型やC型の申立てとして構成されてくる。しかし，慎重に分析をし，この類型に当たるときには懲戒対象外または戒告不相当とするべきである。懲戒申立があったとき，実害はあるのか，スラップか，権力の圧力かなど検討し，形式的判断ではなく，実質的な価値をもって判断しなければならない。

　①　**法制度補充型**——法制度の不備，空白，遅れについて補充する行為，前記U型②自律行為型の反対類型，詐害行為的になりうる指導，救済を有利にするため市民運動や労働運動との連携，マスコミへの公表または意見書や論文の公表などの表現行為。前記首なし事件，ユーザーユニオン事件など。

　②　**裁判適正化型**——訴訟制度を徹底して使用するもの。前記U型③裁判悪用型の反対類型，上訴，異議申立，誤った裁判の是正，多様な書面提出活動など。弁論主義の下で主張の必要性がある場合には，追って提出予定の立証手段を想定すれば，名誉毀損

第 2 章　弁護士懲戒の類型化

とならない。前記丸正事件など。

3　集計数とまとめ

(1)　懲戒相当型

総計　1102

　B型　①46　　②98　　計　144

　M型　①262　②80　　計　342

　N型　①298　②64　　計　362

　　（②債務整理懈怠型の内債権者申立で戒告不相当が一定数ある）

C型　①58　　②27　　　　　　　　　　　　計　85

　　（②遺言執行者の多くはいわば遡及的処罰といえる）

U型　①23　　②59　　③74　　④13　　　　計　169

　　（②③の名誉毀損行為の内，後記第4章の理由で，戒告不相当

　　が相当数ある）

(2)　類型化の成果

　各弁護士会の戒告処分を，日弁連が取消した決定は19件である。これらの多くは懲戒請求の増加に巻き込まれたF型と言える。

　平成15年から法曹増員による影響は，C型を除いて，B型M型N型U型の圧倒的増加である。B型M型は除名・業務停止が多く破滅的案件が多い。しかしN型とU型は戒告が多く，研修や検討の強化により改善できると思われる。C型①は法曹増員の影響は少ないものの，一定数あり，同じく研修で対応できるといえる。最も大きな成果は，上記のとおり，F型を設定できたこと

により，U型との区別に充分注意し，U型は後向き型，F型は前向き型の弁護活動といえることである。そしてF型は，U型との区別に止まらず，特にN②，U②③，C②にも戒告とすべきでないものが冤罪として混入してしまっていることについて，これを正当化ためにも使えることを明らかとした。これらについては，さらに個別に再審審査をして名誉回復する制度を作るべきである。

第3章

正当業務型（法漸進型）の検討

1　進歩的弁護活動

　進歩的弁護活動を中心とする正当業務型は，判例と行政実務の保守性や固定性を揺るがすために必要となる。進歩的弁護は，無償，低額，成功報酬で行う公益型が多く，一見業務を強行することがあっても，不当業務型とは異なる。例えば，マスコミに公表し，賛同者を集めたり，また，法の補充としてあらゆる法的手段をとっていく。時には，普通は考えつかない奇手，奇想天外の戦法もあり得る。私益ではなく，公益を目指すならば，社会正義に合致する。よって，このような進歩的弁護，公益的弁護を受任することこそ，法曹としてのもっとも高潔な倫理である。法曹としての倫理を実践する者として高潔な弁護士といえる。従前より，「懲戒を恐れるな」，「懲戒は勲章だ」と言われてきたのは，これを指す。しかし，今やネットで悪徳弁護士と一緒に公表される時代になったので，悪徳弁護士と徳の高い弁護士を分けるシステムを作り，社会へ正確な情報を開示しなければならない。

第3章　正当業務型（法漸進型）の検討

■弁護士報酬

　一般的には依頼者の希望は，過去の判例や行政実務を前提にすれば，ほとんど実現できないと考えられる場合も多い。この場合に，原則として受任を推奨しないというのが，法曹増員前の弁護士倫理である。弁護士としても十分収入を確保し得ていたからである。そして昭和期には成功報酬自体が，弁護士倫理上好ましくないと説明されていた。これは，貧者や被害者を無視した倫理であった。しかし，例外的には判例変更や法の進歩を目指す弁護士，すなわち人権侵害，公害，薬害，消費者被害を救済しようとする弁護士は，無償で始めたり，成功報酬で業務を行った。

　そして平成に入り，司法の拡大が叫ばれ，税務訴訟，行政訴訟でも，一般民事事件でも見通しの困難な事件，敗訴率の高い事件の依頼が増大してきた。これを進歩的弁護というならば，無償や低額の着手金，成功報酬でする必要がある。敗訴濃厚な事案に弁護士に着手金を払う者は例外を除き，ほとんどいないからである。

■懲戒数の増加

　法曹増員により，一見してあらゆる弁護士の懲戒類型において懲戒数が増加した。しかし，進歩的弁護がこれに巻き込まれ，極めて深刻な事態となっている。つまり，米国で法曹増員を可能にした要因は，①非弁活動の徹底的禁止（UPL規制）により日本の隣接士業まですべて禁止されてきたこと（遠藤2016）②民刑事の陪審制，司法積極主義，成功報酬制により進歩的弁護の拡大が可能となったことなどである。

　日本では状況が全く異なり，急激な法曹増員には無理がある。

62

1　進歩的弁護活動

特に，進歩的公益活動弁護士の収入は以前より不安定となった。

さらに，人権派弁護士でない者が，進歩的弁護に参入する時代となり，困難な仕事であることを認識しないままに，業務を全くできなければ詐欺，着手しない状態ならば懈怠，着手金返還請求に応じないときには横領などと評価され，懲戒申立が増加した。行政書士の業務では，行政実務を変更できないにもかかわらず，着手金等を受領する不祥事が増大している。税理士の場合には，自ら仮装債務を作る相続税対策業務をすることもある。

■依頼者対策の必要性

本来，正面から，実務や制度の運用を少しでも進歩させるべきだが，それをする能力や権限がないとの背景がある。今後はこれらの交渉や手続改善の分野に弁護士が積極的に参入すべきこととなる（遠藤 2016）。弁護士でも行政訴訟は難件である。但し，弁護士の場合には，訴訟を提起する権限はあるので，敗訴しても，弁護士倫理違反とならない。

しかし，敗訴濃厚事案で安易に着手金を受領するのはリスクを伴う。つまり，司法の消極性の中での弁護士業務は，国民のために積極化せざるをえない運命にあるが，弁護士の自己犠牲，公益性が常につきまとうことを銘記すべきである。弁護士研修では法律研修の中に戦術や依頼者対策をも含めるべきといえる。

また，困難な事案について，始める前，または調査をしたり交渉している時期に，明確に受任しないまたは辞任するとの意思表示をすることが要請される場合もある。しかし，調査ができず，口頭で協議しながら書面化しないことも多く，調査に取り組む姿

63

第 3 章　正当業務型（法漸進型）の検討

勢を評価すべきで，弁護士報酬（着手金）の未受領または返還後であれば，公益型として不当とはいえない。

2　正当業務型の事案

⑴　T.T. 弁護士（裁決の公告（処分取消）（2015・2・16）自由と正義（H27・4 月号）66 巻 4 号 125-126 頁）

　相手方に対するメール送付事例であり，東弁では U 型④とされたが，交渉ではなく審判決定に基づく連絡にすぎず，日弁連で取消された。面会調整事案で，実質上子の代理として，子の福祉のための現代的難件であり，公益型であり，緊急やむを得ない措置といえる。また，職場への架電は証拠開示の不充分な制度の中での法の補充 F 型①である。

⑵　K.O.弁護士（裁決の公告（処分変更）（2013）自由と正義（H22・12 月号）64 巻 12 号 125-126 頁，裁決の公告（戒告）（2015・8・5）日弁連懲戒事件議決例集（第 14 集）45 頁，自由と正義（H27・11 月号）66 巻 11 号 92 頁）

　偽装結婚を知っていたとして，U 型③として業務停止 1 ヶ月とされたが，取消訴訟で知らなかったと取消され，日弁連で戒告とされた。フィリピン人女性の子供の重病治療のために強制退去を阻止するための極めて難件の進歩的弁護である。異常に人権に配慮しない入管行政の改善への努力と捉えなければならない。さらに，相手方へのメール送付で戒告とされたが，これも交渉ではなく連絡にすぎず，不当な処分と言える。いずれも F 型①として，

戒告不相当といえる。

(3) **H.T. 弁護士**（裁決の公告（戒告）(2010·9·17) 自由と正義（H22·12 月号）61 巻 12 号 120 頁，最判平成 23 年 7 月 15 日民集 65 巻 5 号 2362 頁・判時 2135 号 48 頁）

H 弁護士はテレビで光市事件の弁護人の弁護方針について懲戒請求した方がよいとの言動等を行い，多数の申立がされ，自分も懲戒請求され，U 型②として，業務停止 2 月を受けた。ただし，その後名誉毀損の民事損害賠償請求訴訟では一審，二審で敗訴したが，最高裁で勝訴している。マスコミへの意見公表は言論の自由であり，名誉毀損には当たらないし，F 型①として懲戒不相当である。刑事弁護人の弁護方針については，東大事件弁護団の統一公判要求も含め懲戒申立された例があるが，懲戒問題とは別に弁護士の裁量の課題として大いに議論すべきで，これらも F 型②として，懲戒不相当と言える。

(4) **S.T. 弁護士**（裁判の公告（戒告）(2009・10・30) 自由と正義（H22・2 月号）61 巻 2 号 152 頁）

依頼者への報告義務違反について N 型①として戒告されている。しかし，進歩的弁護であり，調査の結果，困難事件として，受任しないとの立場で，調査費その他を全額返還支払しており，F 型①として戒告不相当といえる。処分確定から 3 年間日弁連選挙の立候補制限があり，処分は選挙立候補妨害と言われている。

(5) **H.S. 弁護士**（裁判の公告（戒告）(2013・4・26) 自由と正義（H25・8

月号）64 巻 8 号 107 頁）

　成年後見審判却下に対する抗告期限徒過について N 型①として戒告とされた。日弁連の元事務次長であり，フロンティア法律事務所長など公益弁護士として評価されている。困難事案に相当する理由があり，つまり，抗告してもまず容認されない状況では，費用や労力をかけず，状況変化を待つ選択もあり，その場合には戒告不相当と言える。

3　本件戒告事案（公益弁護）

　2015 年 1 月第二東京弁護士会懲戒委員会（以下「二弁」という）は筆者に対して，前代未聞の不当な戒告処分をした（裁判の公告（戒告）（2015・1・21）自由と正義（H27・4 月号）66 巻 4 号 123 頁，東京地裁平成 24(ワ)32711 号・平 25(ワ)16392 号ウエストロー・ジャパン文献番号 2015WLJPCA12048004）。その不当性を証明するため別表の約 1000 例を調査したが，このような正当な行為に対する不当処分は見当たらなかった。行為態様は隠当で，何らかの実害も発生していない。相手方の防等権も侵害してない。その対象行為 3 件（以下「本件」という）は，すべて正当業務型②裁判適正化型であり，裁判の運用の補充であった。二弁決定で最も問題であったのは，筆者が相手方（寺院）の偽証，偽造文書の提出により，繰り返される誤判に対して，無償どころか，実費など 1000 万円以上を立て替えて，司法の是正に努力した善行を非行としたことである。

　相手方は，認証されていない偽造規則や訴訟中に書き加えた数通の文書を提出し，裁判所に採用させ，5 ヶ所の法律事務所に多

3 本件戒告事案（公益弁護）

額の弁護士報酬を使い，判決を騙取し，さらに懲戒申立に及んでいる。現在では，相手方の数通の文書偽造は刑事捜査に至り，多くの民事訴訟判決は再審の検討までに至っている。しかし，二弁は民事不介入の如く，裁判記録を充分見ることもなく，筆者の表面上の行為のみを誤って捉えて評価し，進歩的弁護または公益的弁護を全く理解できなかったことである。

しかも筆者の行為は，すべて裁判所手続内のものであり，相手方も裁判所も何らかの手続も取れたものだが，実際には裁判所は何ら問題とはしていないし，相手方も手続内での異議などの申立をしていない。筆者の職務遂行を妨害するスラップ懲戒請求であり，二弁が保守的な裁判所ですら何ら問題にしていないことを取り上げるとの行きすぎた措置をした。また相手方は経理の不正が疑われたにもかかわらず，門徒役員や筆者に損害賠償請求までするに至り，多数の門徒と筆者らの事務所が，公益のために尽くしている状況である。なお，宗教法人法上の代表役員（住職）1名以外の2名の責任役員の場合について，文化庁は住職の親族でなく，門徒らとすることを指導し，全国の9割の寺院はこれに従っている。しかし，真宗大谷派本山は，これに抵抗し，1名を住職の親族とするよう指導してきた。つまり本山は，旧来の伝統，生ける法に固執し，現代の公益法人制度を拒否しているという重大な背景があることが最近になって判明した。

以下は小林秀之一橋大学名誉教授を始め，各弁護士会の役職者，現懲戒委員会委員長またはその経験者の方々のご署名をいただき，東京高裁24民事部へ提出した意見書の要旨である。なお，筆者の取消請求は，日弁連では全くの理由不記載の棄却，東京高裁も

第3章　正当業務型（法漸進型）の検討

棄却したが，重要な事実誤認があり，筆者の指摘により変更判決（民訴第256条）をすべきところを更正決定するというお粗末なものであった。

⑴　点検調書への書き込み行為

①　岐阜県の真宗大谷派末寺Aでは，長男A′が住職（代表役員）をし，弟の僧侶Bは埼玉で布教を始め，2009年に寺院Cを設立した。Aでは宗教法人法の「認証」された寺院規則で，責任役員3名の内総代が門徒2名を責任役員に選任する。1999年BはA′に頼みAの名義で埼玉で広大な墓地，本堂（居住用建物）と管理棟を，苦労の末作った。A′(A)は設立後のCに墓地所有権移転をすると覚書3通で約束した。Bは墓地開発をめぐり，石材店と数件の訴訟となり，遠藤を紹介され訪ねた。遠藤事務所所属のY_1弁護士が無断で独立しつつ担当した。実質上の依頼者はBだが，名義上のAの代理人であった。訴訟終了前から僧侶でないA′の弟X_1X_2が介入し，Y_1は実質上の依頼者Bの意に反して，AとX_1X_2の依頼を受け，Aの顧問弁護士としてBを排除した。2004年Aと石材店は訴訟上の和解をした。

2006年BとA′X_1X_2の対立を防ぎ，墓地会計を明らかにするため，Aの門徒役員らによる監視委員会が設立された。しかし2008年A（X_1X_2）は，Y_1紹介のY_2弁護士を使い，組織決定なしに，Bに対して明渡断行仮処分申請をした。遠藤はY_1に激しい怒りをもつBから初めて事態を知らされ，直ちに岐阜にて監視委員会と協議し，紛争解決できると予想し，顧問を継続するY_1の利益相反行為を中止させるためにも，無償でBの代理を受任した。

68

3　本件戒告事案（公益弁護）

②　1999年墓地経営許可は，Bの墓地管理と居住を条件とした。しかし，建物2棟（本堂及び管理棟）について誤った明渡断行仮処分決定（任官2年目の刑事部配属の単独）が出された（執行官保管債権者使用）。Bは建物から予告もないまま追い出され窮乏化した。高裁にて本堂のみ変更（取消）の決定（執行官保管債務者使用）がされた。遠藤がBの債務者使用への執行を申し立てた時，Y₂が本堂のみ仮処分申請自体を取り下げた（後に本訴も取下）。執行官が点検執行でY₂に鍵の引渡を要求したが拒否され，執行できない状況で，立会人遠藤は「相手方弁護士と執行官に引き渡すように要求したが拒否された（遠藤直哉）」と白紙の調書に記入し，署名押印し，記録に残した。記入できたのは制止されなかったからである。この記入があったからこそ，執行官も特別に別紙に同旨をタイプして記録に残し，遠藤の行為を容認した。

しかし，二弁は何の証拠もないままに，「執行官の制止に反して記載した」という事実のみをとらえ，理由も単に非行とする戒告とした。

③　旧民事執行規則では，執行官は点検調書に記載し，立会人に読み聞かせをした上で署名押印させるとしていた。しかし，現規則は白紙への署名押印という一般にはあり得ない例外的処置を認めた。よって，白紙の部分に補充することは，事実確認，記録保存，適正手続，逆断行申立の必要性疎明のための，「法の補充」であり，執行官の執行業務と矛盾しない。Y₂の仮処分取下は従前の民事保全法改正時の議論等からも防止されるべき脱法行為として違法性が認識されていた。Y₂の取下と鍵引渡拒否という執行妨害への対応として正当性は明らかで，二弁は上記法律論も全

69

第3章 正当業務型（法漸進型）の検討

く理解できないまま法の実現の努力を無視した結果をもたらした。

(2) 準備書面の記載（弁論主義）

① 管理棟への第一次明渡請求訴訟では，CがAから墓地所有権移転を受けるとの書面について，A′は住職としてのA′の署名押印を偽造とする偽証をし，裁判所が採用したため，BCへの明渡判決が出された。遠藤が立替払いし，筆跡・印が真正との鑑定書を提出してあったこともあり，別件訴訟では，偽証と判断された。監視委員会や門徒総会は，5年間，対等和解と経理公開を要求し，決議や勧告をしてきたが，A′は応じなかった。2001年8月，認証規則の手続に従い，門徒から責任役員2名及び仮代表役員D′が選任され，D′とBCは，高裁で墓地をAとCで折半し，建物をC所有とする訴訟上の和解をし，明渡請求訴訟は一旦終了した。和解はA′に通知されないまま成立した。Bは建物に戻り，建物名義はCとなった。

しかし，Aは紛争の相手方であった石材店側代理人弁護士事務所から独立したY₃弁護士を使い，知事の認証を欠く偽造と推定される規則（代表以外の責任役員を門徒・僧籍者各1名とする）を裁判所に提出し，認証規則を無効とし，責任役員2名と仮代表の選任無効，和解無効を主張し出した。Bや門徒が従前より暴力団関係者と言っていたZ（元警察官による暴力団関係者との陳述書あり）が岐阜や法廷に現れた。遠藤は非常事態とみて，D′(A)とBCには全く利害対立がなかったので，その後D′(A)BCの代理人として，2つの寺院の公益性保持のために全く無償で，訴訟活動をした。Y₁の約2億円の報酬とA′X₁X₂Y₂Y₃Zの1億円以上の

3 本件戒告事案（公益弁護）

利得は役員会の反対の中で取得され，違法と言えた。

門徒らは役員会で A′ $X_1X_2Y_1$ を横領背任で刑事告訴することを決定し，現実に告訴し，捜査が開始されたが，立件には至らなかった。しかし，2016年に，規則や役員選定届の偽造（5件）について，刑事の捜査が一部始められ，証拠原本が押収され，A も準備書面で報告している。

② 仮代表が選任される要件（代表が法人と利益相反するとき）は，「法人と代表との類型的対立とする形式説」，「代表の善管注意義務違反を含む実質説」がある。後者は有力判例（宗教判例百選）もあり，宗教法学会では多数説といえる。本件は，代表が第三者に騙されたり，代表と第三者が不適切に金員を使ったり，代表が解任された例であり，代表と第三者の不正行為を明確に指摘する必要があった。多くの門徒らは，根拠をもって「悪徳弁護士や暴力団を関与させるな，訴訟上の和解に従え，偽証を許すな，認証規則を守れ，刑事告訴しかない」と再三非難し決議していた。遠藤は門徒らの主張を忠実に提出し，仮代表選任の有効性と必要性を明記する義務を負ったので，上記非難を記載した。特に弁論主義では認否を求めて主張せざるをえない。

二弁は「形式説と実質説にかかわらず必要なく不相当に記載した」と，仮代表選任要件である善管注意義務違反という極めて必要性の高い主張であるのに，必要性は高くないとし，規程70条違反と品位を損なう行為とした。弁論主義や表現の自由を侵害し，暴力団関係者の懲戒請求を認めるという驚愕の結果をもたらし，法の支配を侵害するに至った。仮代表選任要件を証明する為に代表の違法不当な行為を記載することは，正当業務型②であった。

第3章　正当業務型（法漸進型）の検討

⑶　仮代表役員代理人の取下行為

①　（代表役員と仮代表の対立）

　裁判所が認証を欠く規則を有効とし，認証規則に基づく責任役員と仮代表 D′ の選定を無効とした頃の 2012 年 1 月に，利益相反がさらに明確となった理由で，D を仮代表に選任した。本件に付き A′ は完全に権限を奪われた（同年 4 月以降偽造規則使用による A′ の長男の代表就任無効と解任の状況で再度仮代表 D の選任確認あり）。BC と D′(A)は，訴訟上の和解をし，利害対立は解消していた。遠藤は，A からの仮代表役員職務執行停止仮処分申立ての D′ の代理人となり，また D(A)から A′ X₁X₂Y₁ への損害賠償請求訴訟の D(A)の代理人となった。A から BC への明渡訴訟について，役員会が再三取下決議をした。代表は仮代表の選定により，本件につき A の代表権限を喪失した。D が A を代表し訴訟取下をできるし，遠藤が D を介して A の代理で取下することは，利益相反もなく，双方代理とならない。仮代表役員制度の法的構造からのみ結論付けられる。遠藤は代表と協議しておらず，代表を介して「A の代理人」になっていない。

　二弁は遠藤が「仮代表役員 D 代理人」と明記したのに，A に効果が及ぶ点のみをとらえ，BC と利害対立する A の代理人に就任するのは双方代理とした。仮代表は効果帰属主体ではないから，D と BC との利害相反を「検討すること自体，無意味である」とした。しかし，本件では BC の信頼を害していない。二弁は，利益相反（法 25 条 1 号規程 27 条 1 号）とは「前（BC）の依頼者の信頼を害する」通説に反して，「後(A)の依頼者の信頼をも害するもの」との，先例もない説で，A の信頼を害する双方代理とする

3　本件戒告事案（公益弁護）

誤りをした。

②　（仮代表と BC の対立なし）

役員会は，管理棟への明渡断行仮処分申請と第 1 次明渡請求訴訟，本堂への所有権移転登記抹消登記請求訴訟と第 2 次明渡請求訴訟について，再三訴訟取下を決議していた。D が自ら取下書を提出するのは義務とも言えた。遠藤は仮処分申請と抹消登記訴訟で遠方の D に代わり，事務的に取下書を提出した。弁護士が不動産登記手続において，両方（買主と買主）の代理をできるのと同じように，紛争の終了行為や事務的行為において，利害対立のない両方代理は倫理違反とならない。利益相反でもなく，双方代理でもない。訴訟とは対立構造を前提とするが，取下は和解とも異なり，抽象的対立自体の消滅行為である。認証を欠く規則を有効とし，役員の地位を否定する相手方と裁判所への対応として，団体の組織決定を履行した。第 2 次明渡請求訴訟での仮代表本人名義の取下書も含め，裁判所は上記和解と異なり，代表側の意見も聞き取下げの効果を認めなかった（BC への明渡判決）。これらは通常利用されていない仮代表制の運用をどのように扱うかとの新しい法の補充の課題であった。

第4章

名誉毀損に対する司法特権
と言論の自由

1　弁護士業務の核心としての表現活動

　前記の集計によれば，名誉毀損的言論についての戒告が急増している。また，弁護士の言動が名誉毀損とされ，損害賠償請求が認められる判決も多い。日本では民事刑事，弁護士懲戒でいずれも，真実性または真実相当性の抗弁の成否により結論が決められている。しかし，真実（相当）性の抗弁は，事実上無過失を要求するもので，一般的に言論の自由を著しく制約する。これに対して，英米では，一般の言論でも原告が被告（表現者）の故意以上の悪意を証明しなければ，被告は免責されるとされる。それ以上に，古くから現在まで弁護士の業務では弁護士の特権として，名誉毀損について悪意か否かも問わず原則として広く免責されてきた。

　弁護士業務は，交渉や訴訟を通じて，すべて，口頭または文書での表現活動による。憲法の表現の自由の保障だけではなく，訴訟手続を中心とする当事者主義，弁論主義に則り，対抗的手続をとることが許容されている。弁護士業務については，医師の業務

75

第４章　名誉毀損に対する司法特権と言論の自由

と同じく，刑法35条の正当業務として違法性が阻却される。医師がメスを使うように，弁護士は鋭いペンと舌を振りかざすことができる。つまり，その業務方法の核心は斗争的な表現活動であり，真実相当性の抗弁の基準だけによるべきではない。

2　英米の司法特権と現実的悪意の法理

■ 17世紀英国の治安維持

　英国では17世紀に星室庁が，国王や政府（高官）を批判する煽動的言動者に名誉毀損として民刑の制裁を下した。治安維持目的であったので，指摘が真実であっても免責されなかった。米国でも同様であったので，植民地総督を批判したジャーナリストのゼンガーは起訴されたが，1735年陪審は真実性の抗弁を認め無罪とした。にもかかわらずフェデラリストは建国直後に連邦煽動罪法を制定し，真実性の抗弁を認めていたものの，政府批判に対し，民刑事の制裁が相次ぎ，言論の自由への重大な脅威となった。レパブリカンのジェフォーソンは，同法廃止後，恩赦，罰金払戻をし，言論の自由の優位を宣明にした。その後，英国も含めて，真実性の抗弁に加え，真実相当性の抗弁も認めるようになったが，その立証は困難で表現の自由の保障として充分でなかった状況であった（松井 2013：44-54）

　英国では，上記の歴史と併行して16世紀より裁判官，議員，公務員などが損害賠償請求から免責される広い制度の１つとして，司法特権があり，裁判官，弁護士，陪審員，当事者，証人の一切の活動を保護する絶対的特権が成立し，名誉毀損について民事刑

事の責任が問われないこととなった。司法手続，その準備段階，司法手続での陳述の報道まで含まれる。極く例外を除き，虚偽が悪意かを問わず合理的かつ相当な根拠のない場合も免責される。

　司法運営においては自由に発言する機会を保障する公益が優先するからであり，特に弁護士が害意や違法行為があるか否かなどとのトラブルに巻き込まれないことを目的としている。また後続の訴訟が多数起こされるのを阻止する必要があるからである（山口 2009）。

■米国の NY タイムズ対サリバン事件

　米国でも英国の法理を承継し，「絶対的特権は裁判官，弁護士，当事者，議員，政府職員の特権であり，その動機，目的，行為の目的の合理性いかんにかかわらず免責される」とされた。

　絶対的特権に対して，相対的特権（制限的特権，条件付特権）は，公正な論評または，公正な報道の特権をほぼ意味している。被告がこれを援用したとき，原告は被告の側が虚偽の事実の指摘を，もっぱら悪意でしたことを証明しなければならない。これを明確にした，NY タイムズ対サリバン事件では，警察公職者サリバンを批判した，キング牧師の NY タイムズの意見広告に，虚偽や誤りがあっても，悪意によるものではなく，その言論は憲法上の保護を受ける，との画期的結論を下した（松井 2013：54-77）。

　この「現実的悪意の証明」とは，「公務員に対する名誉毀損的表現については，その表現が「現実的悪意」をもって，つまり，それが虚偽であることを知っていながらなされたものか，または虚偽か否かを気にもかけずに無視してなされたものか，それを原

77

第4章　名誉毀損に対する司法特権と言論の自由

告（公務員）が「明白かつ確信を抱くに足る証明によって立証しなければならない」という法理であり，公的人物すなわち著名人に対する名誉毀損的表現にも適用されると解されるに至った（芦部 2000：353，樋口 2011：352）。すなわち，原告に表現者側の虚偽についての悪意の証明責任を負わせる厳格なものである。

　具体的には，「現実的悪意」は，「被告が表現が虚偽であることを知っていたか，その真実性に疑問を抱いていたにもかかわらず意図的に裏づけ取材を拒否して，その虚偽性をまったく無視したような場合にのみ認められる。裏づけ取材が十分でなかったとか，本人確認を怠ったとか，それだけでは現実的悪意があったことにはならない。」とされる（松井 2013：230）。

　最高裁判事谷口正孝は，「誤った言論にも，自由な討論に有益なものとして積極的に是認しうる面があり，真実に反する言論にも，それを保護し，それを表現させる自由を保障する必要性・有益性のあることを肯定しなければならない（誤った言論に対する適切な救済方法はモア・スピーチなのである）」と判示した（最判昭和 61 年 6 月 11 日民集 40 巻 4 号 872 頁）。

■日本における「現実的悪意」の法理

　日本では弁護士特権が確立していないが，少なくとも上記現実的悪意の法理は適用すべき時期に至っている。筆者の相手方は，公益法人ないし弁護士であって，筆者の準備書面は，公共性を有する公人としての相手方らの職務内容を問題視し，仮代表役員選任の要件たる善管注意義務違反の事実を記載している。よって，相手方らは，公益法人代表役員ないし弁護士の職務を行う者とし

て，公共性を有するものであって，これらの者が「公的人物」に
あたることは明白である。筆者は，準備書面を作成するにあたっ
て，多数の門徒らの陳述書を含め，相当の根拠を以て記載にあたっ
ており，真実相当性の抗弁も成立する状況であり，「現実的悪意」
が認められる余地はない。

3　ドイツの言論の自由の保護

　ドイツでも，戦後においては，一般的に表現の自由が強く保護
されるようになった。憲法裁判所は多くの名誉毀損訴訟において，
言論の自由に萎縮効果をもたらせないように，表現者（被告）を
保護した。これに比べ，日本の判例では，真実相当性の立証を厳
しくしすぎて言論の自由を萎縮させているといわれている（毛利
2008：283）。

①　バイヤー社株主事件

　1987年バイヤー社株主事件では，「製薬会社バイヤー社の危機
に対して共同して行動する会」は，「利潤追求のバイヤー社は，
民主主義，人権，公正を害し，会は圧力を受け，右翼の政治家は
資金提供を受けている」とのビラを集会や株主総会で配布した。
下級審の差し止め決定について，憲法裁判所は違憲として，意見
の表明と事実の主張は結合することから，過重な責任を負わせる
ことは許されない」「真実性の要求は，その要求をする結果，表
現の自由の機能を喪失させるほど強いものであってはならない。」
とした（牧野2006：133）。

②　戒告取消事件

第4章　名誉毀損に対する司法特権と言論の自由

1987年弁護士戒告取消事件では，弁護士会が裁判過程において各挑発的言動または名誉毀損表現をした弁護士2名を戒告としたことについて，憲法裁判所は「一般的な見解によれば，弁護士は『権利をめぐる闘争』において，強く印象深い表現と具体的な言葉を用い，例えば裁判官のありうべき先入観や専門家の専門的知識を批判するために，さらなる判決批判を行い，『対人的に』議論を行うことは許される。」とし，違憲として取消した（神橋2006：259）。

4　絶対的特権とスラップ申立の関係性

■米国のスラップ申立

米国では，公職者は訴追されない絶対的特権をもつ（自由に意見を言える立場）故に，裁判手続を使わずともいくらでも反論できるので，新聞社を提訴する必要もなく，提訴するのは嫌がらせのスラップになるし，提訴権濫用または訴訟経済に反するものとみなされたといえる。

他方で，弱者たる私人が名誉毀損されたとして，マス・メディアの強者を提訴した類型も発生し，現実的悪意の法理ではなく，真実性について過失ありの認定やプライバシィー保護を理由に勝訴させ，強者から弱者への反訴はスラップ的請求として制限されるとの構造となった。

■日本での裁判例

日本では，弁護士が名誉毀損に問われスラップに巻き込まれた

80

とき，近年真実相当性の抗弁の要件が狭められ，判断が弁護士に厳しくなっている傾向があるとの意見（升田 2007：56），本来，訴訟は自由に主張立証を戦わせて弁証法的に真実に迫るという目的と機能をもっている，我が国の裁判例は，免責要件が厳格にすぎる，英米法の絶対的特権を重要とする意見（佃 2008：371）が相次いでいる。裁判所が弁護士の積極的言辞を嫌悪し抑圧するのは，進歩的弁護を抑制しようとする司法消極主義の1面である。極めて深刻な課題として初めて指摘しておく。

　スラップについては日本でも，「公的関心事項について発言したことに対する報復として，表現の自由の行使に対し，それを抑圧することを目的として訴訟を提起することは，マス・メディアだけではなく一般市民に対してもしばしば行われる。」「名誉毀損法を憲法的に再検討して保護すべき表現に憲法的保護を付与するとともに，このような表現を封じることを意図した SLAPP を阻止するための手続を早急に導入すべきであろう。」と提言されている（松井 2013：403-429）。すなわち，米国では，スラップ訴訟を大幅に制限できる法律ができた。

　しかし日本では，幸福の科学から，山口広弁護士が名誉毀損などで損害賠償請求され，多大な労力をかけられ，勝訴したものの，極めて大きな不利益を受けた。ジャーナリストと弁護士に対する武富士事件，斉藤英樹弁護士に対する第1商品㈱事件，澤藤統一郎弁護士に対する DHC 事件，住民に対する伊那太陽光発電事件などが起こり，いずれも勝訴したものの，多大な負担を負わされた（「消費者法ニュース」2016年　No.106：5-35「特集：スラップ訴訟（恫喝訴訟・いやがらせ訴訟）」）。

第4章　名誉毀損に対する司法特権と言論の自由

■法の支配の抑圧

　スラップ請求については，民事訴訟，懲戒請求のいずれにおいても厳しく制限すべきである。本件の懲戒申立者は，偽造文書の提出の上，判決等の騙取などの違法行為を繰り返していながら，筆者の公益活動としての無償の弁護活動を委縮・制約させる不当な目的で申し立てたので，明らかなスラップ懲戒申立である。本件戒告処分では，筆者の「法の支配」の追求に対して，あろうことか，弁護士会が，悪徳弁護士や，暴力団関係者と言われていた者を擁護するが如き結果となり，法の支配を抑圧する決定をしたのである。これでは，スラップ懲戒申立が正当化される結果となり，次々と戒告処分により，多くの国民の裁判を受ける権利が侵害される恐れが強い。

第5章

国民のための弁護士自治

　正当業務型についての弁護士会の戒告決定に対する司法審査は，現状では期待できないので，弁護士会の自治において，根本的に慎重な運営が要請される。

1　部分社会の法理の弊害

　部分社会の法理の判例の要旨は，「一般市民社会とは別個に自律的な法規範を有する特殊な部分社会における法律上の紛争は，一般市民社会の法秩序と直接の関係を有しない内部的な問題にとどまる限り，その自主的・自律的な解決に委ねるのを適当とし，司法審査の対象にならない」「自律的法規範を有する部分社会の行為であっても，当該部分社会から構成員を排除する行為，当該部分社会における究極の目的の達成に関わる行為，人権と深く関わる行為については，司法審査の対象になる」とまとめられるもので，戒告は原則としてその対象とならない。

　他方で地方議会議員の除名処分及び学生の退学処分について「裁量権の行使としての処分が，全く事実の基礎を欠くか又は社

83

第5章　国民のための弁護士自治

会通念上著しく妥当を欠き，裁量権の範囲を超え又は裁量権を濫用したと認められる場合に限り，違法であると判断すべきである。」との法理を確立するものの，処分を取り消して救済した例は極くわずかにすぎない。つまり除名についても異常に狭き門となっている。その傾向の中で，O.弁護士の業務停止1か月に対する取消判決とは，弁護士会の基準が異常に厳しく誤っていたことを示しており，もはや暴走としか言いようがない。そして，戒告であっても，その被害は，①弁護士会会長選挙被選挙権の3年間の制限，②役職就任制限，③インターネットによる永続的損害など甚大なものがある。

　ドイツでは前記弁護士戒告取消判決を含めて，弁護士裁判所の多くの取消判決がある。また専門医が専門以外の診療をした件につき，医師会規定による規律に反したとして，医師会より戒告処分されたが，連邦憲法裁判所は，職業の自由を侵害し憲法違反とし，取消した先例があり（堀内2006：276），日本のように司法権の範囲を狭めていない。このようにドイツでは，以前より，戒告が団体の運営上極めて重要であり，法の支配の維持に司法権が是正した歴史があるのは，下記2の公益重視を理由とするのであろう。

　トクビィルが米国の民主主義の根本は，陪審と団体にあるとしたことに通じる。日本でも既得権にしがみつく団体の改革が求められている。現在では，内部からの声を封殺しようとする弾圧としての戒告に対して，司法審査の拡大が要請されている。

84

2 公益を守るべき弁護士会の存在意義

　日本の判例の立場は，除名，権利停止，戒告などを受ける者本人が社会的不利益を受けるか否かを基準としている。確かに，政党，議会，大学，団体などからの排除は，本人にとって生活上や職業上の大きな不利益と言える。しかし，この視点のみでは，余りに団体の目的を無視し，視野が狭すぎると言える。社会における組織や団体の健全な発展やガバナンスの維持が重要であり，その目的推進に司法の役割が期待されている。特に，公益団体の目的に反する懲戒は，団体の活動自体を阻害し，対象たる消費者や国民の不利益となる。この点，判例でも抽象的には「部分社会における究極の目的の達成に関わる行為」と言及するが，裁判官や団体幹部が具体的には理解しているとは到底考えられない状況と言える。

　たとえば，日本産科婦人科学会は，生殖補助医療実施の根津医師と大谷医師を除名したが，最も大きな被害を受けたのは，患者たる国民であった。大谷医師の除名無効確認訴訟では，合わせて患者5夫婦が損害賠償請求を提起したことにより，日産婦会に大きな打撃を与えた（遠藤2007a）。日産婦会が患者のためとの医療を標榜していたにもかかわらず，その大きな目的に反して，患者の抑圧をしていたことが，明らかになったからである（遠藤2004・2005・2008・2012b）。監督官庁の文科省はこれを放置し，さらに司法は日産婦代理人弁護士の部分社会論の主張を容れて，日産婦会提出証拠の論文が捏造であるとの事実を検討せず，ほぼ門前払いとした（東京地方裁判所平成19年5月10日判決／平成16

第 5 章　国民のための弁護士自治

年 (ワ) 第 10887 号損害賠償等請求事件 L06232051LLI/DB，東京高等裁判所平成 20 年 4 月 30 日 / 平成 19 年 (ネ) 第 3357 号損害賠償等請求控訴事件 L06320287LLI/DB。)。

　検察庁，団体，会社の不祥事が次々に起こり，裁判所内部の人事統制が暴かれ，あらゆる団体のガバナンスのあり方が問題となった以上，組織の目的に沿った健全な運営を確保しなければならない。検察官の証拠隠しや改ざん，裁判官の人事配転を恐れる萎縮業務などは，国民のための司法に最も反することである。すべての法曹の倫理が問われている。弁護士会の目的は，正義と人権を守るという高潔な弁護活動を発展させることであり，悪徳弁護士を監督することである。国民のための進歩的弁護活動，公益的弁護活動を萎縮させたり，非難してはならない。まさに戒告であっても，重大なマイナス評価であり，高潔な弁護士が悪徳弁護士と呼ばれては，若手弁護士への影響は大きくなり，貧者や弱者の国民は最も被害を受けることとなる。

　特に，弁護士が裁判所，警察，検察などの広い意味での司法の誤りを正して挑戦していくとき，その活動が戒告の理由となるならば，裁判所がその戒告処分を取り消すことはまずありえない。悪徳弁護士により裁判所がだまされ，その司法の運用の誤りを正す進歩的弁護人を弁護士会が誤って戒告にするときには，三重の不正や誤りが起こり，また処分取消請求棄却という四重の誤りが発生し，負の連鎖となる。弁護士会が進歩的弁護を理解していない現状が正に，裁判所と検察の大きな危機をさらに深化させる役割をしていると言わねばならない。

3　強制加入団体における職業遂行の自由の保障

　職業遂行の自由とは，「人が社会において従事する職業を自由に選びうるということであるが，選んだ職業を遂行する自由も当然含んでいる。」とされている（高橋 2015：245）。よって，弁護士として弁護士業務を遂行する自由は，憲法 22 条 1 項により保護されている。特に，弁護士会は，強制加入とされている。それ故，一般の団体と全く異なり，脱退は許されない。よって，職業倫理，弁護士業務の方法などについては，目的の範囲内である限り，厳格に配慮されるべきである。つまり，弁護士業務は他の職業と極めて異なる特色をもつ。権力への抵抗，法の積極的運用などについては，各弁護士の自由な検討にゆだねられるべきであり，弁護士会の裁量権の範囲は狭い。本稿の進歩的弁護活動や公益的弁護活動は，職業遂行の自由により保護され，「法の支配」を実現すべき弁護士会の目的に合致している。正当業務型に対する処分は，弁護士会の目的を逸脱しており，弁護士会による自壊行為であって，その裁量を逸脱し，職業遂行の自由を侵害することは明白である。

4　アメリカにおける「懲戒代替プログラム」

　米国では弁護士懲戒は，州最高裁判所又は州最高裁判所の委託を受けた州弁護士会が設ける懲戒裁定機関が行っている。アメリカ法曹は完全な法曹一元であることから，ほぼすべての州において，弁護士を主体とする法曹内部の処分となっている。公表され

第5章　国民のための弁護士自治

る公的な制裁は，「資格剥奪，業務停止，保護観察，戒告」である。「譴責」は訴追前の本人同意によるもので，匿名で弁護士会刊行物に載るのみである。さらに資格はく奪・業務停止等の資格を制限する処分に至らない行為で，「軽微な非違行為（lesser misconduct）」を含む事案について，正式な訴追の申立前に，仲裁・調停，事務所経営・弁護士支援プログラム，カウンセリング，継続教育プログラム，倫理講座などを内容とする「懲戒代替プログラム」への参加を命じることが出来るとされる。但し，横領・詐欺，重大な犯罪，重大な損害発生，一連の類似の非違行為や再犯の場合には，「軽微な非違行為」とすることができないものとされる（冨澤 2004：38）（石田 2014：219）。

　本稿で取り上げた進歩的弁護活動とは，決して上記非違行為ではない事を確認しつつ，上記プログラムの「正式訴追前」「懲戒に替わる」手続によるならば，公表される戒告や譴責はなくなる。限界事例も含めて，そもそも懲戒の対象とできるか否かを時間をかけて多角的に深く議論できる点で，秀れているといえる。日本の懲戒審査は，急増する申立に対して判断基準を整備しないままに安易に結論を出していると言わざるを得ず，また，上記譴責制度がないため，戒告の中身の軽重を区別せず公表する欠点がある。

　以上により，米国を含めて世界で，弁護士の進歩的弁護活動がどこまで保護されているかを名誉毀損を中心に明らかにしたが，今後さらに豊富な研究や報告がされることを切に望むものである。

第6章

『解説・弁護士職務基本規程〔第3版〕』及び2018年改正案

　『解説・弁護士職務基本規程〔第3版〕』(以下「解説」または「規程」という)は，2017年12月に発刊された。第2版に追加され進化された部分について，自由と正義2018年8月号に簡潔に紹介されている。しかし第3版は，法曹増員後の多数の申立と決定例をもとに検討を深めたところ，残された課題が多かったため，日弁連(弁護士倫理委員会)は，同時に2017年には規程改正要綱案を単位会に照会し，その結果，2018年9月に改正案(以下「改正案」という)を提案し，単位会へ意見照会を行っている。この改正案は成立する可能性が高いので，これを紹介しつつ，以下に，分かりやすく解説し，本書の類型化と正当業務型の視点からの私案を提示するので，至急検討していただきたい。利益相反に関しては，日本とドイツを比較するため，森勇編著『弁護士の基本的義務——弁護士職業像のコアバリュー』中央大学出版部2018年(以下「森編著書」という)を参照されたい。

第 6 章 　『解説・弁護士職務基本規程〔第 3 版〕』及び 2018 年改正案

1 　職務基本規程改正の基本理念

⑴ 　萎縮せずに漸進せよ

　改正案の提示についての方針を示すための基本理念をうたっている。しかし，残念ながら，弁護士業務の委縮をもたらす結果となっている。すなわち，条文が増え，複雑化し，分かりにくくなっていることについて，正しい方針であると説明しているが，苦しい弁明となっている。すなわち，「弁護士の懲戒請求が激増していることについて，職務規程による厳しい規律が必要であり，職務規程を詳細にしても，濫用的懲戒請求が増加するわけではない。むしろ，世界的にも類例をほとんど見ないとされる弁護士自治を確立した現行弁護士法は，弁護士会の会則に関し，弁護士の自治団体の意思決定のみで制定できるものとしたので，これを守るために社会からの批判を受けないようにしなければならない」という。

　弁護士の裁量権をもって，のびのびと業務をすることを保障するのが弁護士自治である。弁護士自治を守るためにおとなしくしろとは本末転倒である。

　序論で論じたように，世界的に稀な秀でた弁護士自治との評価は誤っている。むしろ日本の弁護士自治は，強大な行政国家とそこに組み込まれた司法のなかで，市民や弱者を保護する機能としては極めて弱体であることを認識しなくてはならない。市民の弁護のために萎縮せず漸進し，弁護士の金銭的非行に対してはより厳しく臨まなければならない。

　そして「悲願の弁護士自治を獲得した。その弁護士自治も弁護

士の不断の自省と改革がなければ時代の流れに取り残され，国民の信頼を薄弱化させてしまうことは明らかである。弁護士が遵守すべき義務や責任を具体的規範として明確化し，弁護士自治の基盤を盤石にする必要がある。」という。

　日本の弁護士層は，裁判官と法務官僚と共に，時代の流れに完全に取り残されている。法を静態的に見て，法を動態的に見ていないため，法曹は社会のブレーキ役，人々への抑圧者となっている。効率や公正も考慮しないため，尊敬すらされていない。

　法曹養成について，政府や日弁連は，天下の法というべき司法改革審議会の意見書を守らず，資産のある者に予備試験をうけさせたり，給費廃止から必然的にもたらせられる司法修習の縮小（廃止）を検討せず，未修コースも縮小し，大混乱を引き起こし，コストと時間を浪費させている。弁護士会は前に進め，後退するな。そのためには，法動態学に基づく新弁護士懲戒論に学べ。

⑵　正当業務型でリードせよ

　弁護士の平和への手段は闘争的となるので，そのような正当業務型（法漸進型）を重視する弁護士業務を弁護士会は強力に支持しなければならない。弁護士の為すべく責務を高々に謳う必要がある。上記理念はこの弁護士の積極的役割に触れることはない。つまり，弁護士会は社会に対し，弁護士の積極的闘争的手段を説明する必要がある。

　これに対して，逆に一般非行型や金銭非行型に対する早期制裁，予防措置を強化する必要がある。濫用的申立の簡易却下を進める必要がある。上記理念はこのような課題についての提言には触れ

第 6 章 『解説・弁護士職務基本規程〔第 3 版〕』及び 2018 年改正案

ない。解説は会員や国民のために，分かりやすく，効率的な制度を作るべきなのに，分かりにくく，複雑化させることに陥っている。比較法的，法社会学的分析がなされず，そもそも法哲学をはじめとする文献を参考にしていないことなどの研究の不充分さが明らかである。筆者は，本書第 1 章から第 5 章の旧版を全国単位会に配布したが，新規性の高さ故に，残念ながら解説や改正案にほとんど反映されていない。本書では，さらにやさしく解説したので，充分参照されることを望む。筆者の「法動態学講座 I・新しい法科大学院改革案・AI に勝つ法曹の技能——基礎法学と実定法学の連携」も参考にされたい。

2　法令違反行為避止の説得義務

（結論）改正案 14 条の 2（追加）と 51 条（変更）は，「法令違反行為を避止するように説得を試みなければならない」とする。これに対し，下記私案の文言とすべきである。

（私案）（法令運用の説明義務）弁護士は，依頼者及びその関係者が法（法令，規則，通達など）に違反するか否かを判断するとき，弁護士の裁量権（自由と独立）をもって，その違反の趣旨と効果を説明しなければならない。その際，違反が公益や公正を害する行為であるときには中止するよう説明しなければならないが，その行為が実質的に公益を増進するとき，正当行為として保護されるべきとき，関係団体や行政庁などとの協議・交渉で運用を変更できる可能性のあるときなどには，今後の交渉・申立や見通しを説明し，協議しなければならない。組織内弁護士の場合も同様と

する。

1．改正案は 14 条（明白な刑罰法規の違反行為への関与）に，新たに 14 条の 2 を加え，「単に形式的な法を守れ」との短絡的な考え方をもって，法令を遵守させる条項を追加しようとしている。但し，この形式的対応に疑問を感じているためか極めてあいまいな弱い表現となっている。弁護士は法の運用について，裁量権（自由と独立）を持つ。この裁量権をどのように行使するのかという弁護士業務の本質的任務を規定するもので，より広く議論した上で決めていく必要がある。

私案においては，まず法令の内容についての説明義務を最も重大な業務と位置づける。自然犯と異なり，多くの規制法は，運用をどのようにするかは多様性がある。そこで充分な説明を優先させ，さらに前段については，不当業務型（法違反型），後段は正当業務型（法漸進型）として，位置付ける。この限界も極めて困難であるので，説明義務のみを中心にして分かりやすくする。

改正案は，この 2 類型に分けていないために法令を守るべきか否かをつきつめないまま，「避止」とか，「説得」を「試みる」と弱い表記になっている。避止とはあまり使われない用語で，為すべきか，為さざるべきか，不明瞭な言葉である。さらに「説得を試みる」とは，どの程度まですべきか分からない。そこで，重要なことは，豊富で適正な説明である。悪法か否かの説明も入ってくる。しかし，依頼者の実行行為までの負担を負うべきではない。つまり，刑罰付の悪法もあり，説明は義務であるが，正義に反する刑罰を受ける場合でも，弁護士は教唆ではないで，正当業務型の業務とするべきである。

２．それ故，法令違反の詳しい説明をしていけば，自然と前段か後段かに分けて説明するようになり，「悪いことは停める」か「良いことは薦める」と明白となっていく。後段が最も重要な弁護士業務となる。形式的合法性を実質的合法性へと徐々に踏み出していく作業となる。行政や団体との交渉や協議をしていく必要が生じる。常日頃，ソフトローも含めて研鑽しておかなくては指導できない。一般的には，難しいのは，法違反型か法漸進型かの区別をすべきとの認識もないからである。本書により，これを区別しつつ，工夫をしていけば，法令の改善に取り組む業務としての「為すべき正当業務型」を理解いただけるはずである。

それ故，私案は，AI に勝つための法曹として，今後の弁護士業務の拡大のために，弁護士は勉強せよというメッセージをこめており，最も重要な規程となる（遠藤 2016・2017）。現行 14 条の「違法不正の助長行為の禁止」は弁護士一般の義務であるのに対して，現行 51 条の「違法行為の説明・勧告などの適切な措置」は，特別に組織内弁護士の義務として作られた。51 条は「法令違反行為」を制止させようとするもので，14 条の「違法不正行為」より遥かに広くなっていた。

そこで，改正案では，14 条の 2 で一般の弁護士にも，法令遵守を義務付けると共に，同じような表現で 51 条の文言も改正するものである。但し，改正 51 条では「可能な範囲で，法令違反の説明，避止の説得の試みの義務」と弱い表現となっている。本書では，一般弁護士と行政・団体・企業に所属する組織内弁護士は，法曹としての同一の理念を持ち，その理念を共有するものと位置づけている。すなわち「社会変動に併せて動態的法形成を担

うべき義務を負う者」である。そして，14条の2と51条を同一趣旨にするならば，私案のように14条の2の1つで充分である。

　共通する理念は，弁護士の法令の解釈や運用についての独立した自由な裁量権である。一般には，権力，依頼者，組織からの自由と独立というが，決して自由でもなく独立でもなく，あるいは程度問題であり，内容も空疎である。重要なことは専門家として，憲法からソフトローまでの法のジャングルの中で，自らの思考力により，1つの結論ではなく，多様なプロセスと結論，あるいは選択肢を，どこにも縛られずに自由に独立して判断すること，提示できること，それが特別な裁量権である。形式的に法令に反するとか，結論は1つだ，依頼者はしてはならない，と言い，何もしないで報酬をとるのは，むしろ弁護士業務違反である。そのように解すれば，20条と50条も，14条の2に含まれ，シンプルになるのである。

　なお，一般的には，行政や団体に所属する弁護士は，法を固定的に運用する中で，少しでも法漸進的な役割をいかに果たせるか，企業内弁護士は，利益追求の組織の中で，法違反と法漸進の要請が多様に混在する。そのような組織の特性を踏まえ，運用においてそのポイントを押さえておけば，一括して規定を作る方が妥当といえる。

3　守秘義務

　（結論）改正案23条1項は，「依頼者についての職務上知り得た秘密」の「依頼者」を削除し，単に「職務上知り得た秘密」と

第6章 『解説・弁護士職務基本規程〔第3版〕』及び2018年改正案

する。刑法と弁護士法と同じ表現となり，通説は，依頼者などの秘密に限る限定説だが，解説は「第三者の秘密」を含む非限定説を明示するという。

これに反し，（私案）「依頼者及びこれに準ずる者について職務上知り得た秘密」と追加することを妥当とする。

改正案は，以下の3点を明確化するという。

（変更）23条1項①　守秘義務は依頼者に対する義務であること
（変更）23条1項②　秘密の情報源や対象は依頼者のものに限定するものではないこと
（新設）23条2項③　依頼者及び第三者の名誉及びプライバシーを侵害しないこと
（新設）23条の2④　秘密を自己のために利用してはならないこと

1．上記の内，①，③は従前の規程や一般法理で充分対応できる。問題は②と④である。依頼者やこれに準ずる者以外の，「第三者や相手方の情報」は，別ものであり，依頼者の秘密と同じに扱う必要はない。すなわち，第三者や相手方の情報を使って依頼者を保護することがある。または弁護士の公益活動として，マスコミへの公表，論文や出版物への掲載など，表現の自由の行使として使用することが重要となる。これは許容されるし，制限してはならない。これを上記④の弁護士の自己利用として禁止してはならない。日本では，冤罪や民事の不当判決が多いので，改善のために広報活動が重要だからである。

2．刑法134条は「正当な理由がないのに，その業務上取り扱ったことについて知り得た人の秘密」を対象とし，弁護士法23条は，

96

「その職務上知り得た秘密」を対象とし，「法律に別段の定めがある場合」を例外とし，規程23条は，「依頼者について職務上知り得た秘密」を対象とし，「正当な理由がある場合」を例外とする。注釈刑法は，依頼者の秘密に限定する限定説をとる。他方，第3版と改正案は，依頼者以外の秘密も含むとする非限定説をとるが，その唯一の根拠として最決平成24.2.13を挙げる。しかし，これは非限定説をとったものではない。被告人側の主張である「診療手続でなく鑑定手続であること」「患者の秘密ではなく，その実父の秘密であり，守秘義務の対象にならないこと」を退けたにすぎない。鑑定手続でも広義の医療行為であり，また患者の家族は，本人と密接に関係するものとして対象となるので，限定説の範囲であり，折衷説という必要もない。それ故，最決24年をもって非限定説として，これに従わざるを得ないとの立場は正しくない。規程23条の「依頼者」の文字は，刑法の解釈論から来ているもので，削除する必要はないこととなる。

　3．しかし，改正案規程23条1項は，「弁護士は，職務上知り得た秘密を保持する義務を，その依頼者（依頼者であった者を含む。）に対して負う。ただし，次に掲げる場合その他正当な理由がある場合は，必要な限度で開示することができる。依頼者の同意，弁護士の権利又は利益の防御の必要性，重大な公共の利益を侵害する恐れ等を例外とする。」とする。例外明記はよいとしても，解説は，非限定説をとるとするが，単なる解釈による秘密の拡大しすぎである。結論として，「依頼者とその家族，これに準ずる者」以外の相手方や第三者の秘密や情報を開示する必要は以下の場合があり得る。極めて必要性の高い場合である。

① 告訴や告発の手続，民事裁判手続
② マスコミへの公表や表現活動

このような依頼者側以外の情報は，原則として守秘義務の対象とすべきでない。それを例外的に保護するのは，一般的なプライバシーや名誉毀損による保護によるべきである。

4 利益相反（規程27条・28条）

分かりやすい利益相反類型図

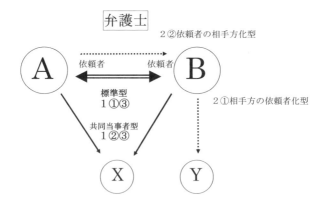

■分かりやすい私案による分類

（結論）改正案は，27条6号（遺言執行者の新設）及び28条4号（同意削除）の修正に止まるが，27条，及び28条，32条及び42号の全体を次項私案の通り改正すべきである。全ての条項で，依頼者の同意を禁止の例外とせず，客観化して分かりやすくする。

　　　　　　　　　　　　　　　4　利益相反（規程27条・28条）

　すなわち，27条1号から5号までは弁護士法25条とほぼ同じ
5つの項目である。しかしこの項目だけでは不充分であり，これ
を補充するため，規程78条を作り4項目を追加したために分か
りにくくなってしまった。解説74頁の類型化も誤っているが故に，
分かりにくくなっている。私案の趣旨は弁護士法25条を根拠規
定とすることを明確化している。弁護士法25条の各号の順序で，
これを拡大する方法が分かりやすいし，法律の根拠条文に追加し
て，規程の各条文で補充する。下位規範への委任が明確とできる。
中立的調整行為は，5号の和解斡旋その他の裁判判外紛争解決手
続機関の手続実施者を拡大解決するものである。類型化こそが重
要であり，これができていないから，分かりにくくなる。改正の
度に，分かりにくく複雑化させず，類型化をして，整理すべきで
ある。以下の通り整理すれば分かりやすくなる。図の記号も含め
て説明する。

1．同一事件型（AとBの相反）

　①　標準型：27条1号2号と28条2号（顧問先を相手方とする
部分のみ）は，複数の依頼者（AとB）の間の同一事件について
の利益相反である。原則として，一方受任または双方拒否となる。
例外として③中立的調整行為となる。

　②　共同当事者型：28条3号は，Xを相手方として，原則と
してAとBのうち一方受任（各自代理）となる。例外として③中
立的調整行為をし，合意によりXへの並列代理となる。

2．別事件型

　27条3号と28条2号（顧問先を除く）が別事件としての利益
相反でまとめて整埋すべきである。①相手方の依頼者化型②依頼

第 6 章 『解説・弁護士職務基本規程〔第 3 版〕』及び 2018 年改正案

者の相手化型

3．職務回避型利益相反型

27 条 4 4 号（公務員）・5 号（仲裁人など）と 28 条 1 号・4 号を 1 つにまとめるべきである。

4．規程 32 条（受任時説明義務）と 42 条（利害対立回避措置義務）は，まとめて同一事件型の説明に含めるべきである。

■ （私案）職務を行えない利益相反行為

1．（私案 27 条）同一事件型利益相反の禁止（A と B の相反）

① 標準型：当事者間の賛助又は依頼承諾した事件（先の依頼者 A の事件について B の依頼を受けること）27 条 1 号

但し顧問先を相手方とする事件を含むものとし，信頼関係に基づかないものを除く　　　　　　　　28 条 2 号，27 条 2 号

② 共同当事者型：利益相反の依頼者の第三者に対する事件

（A・B → X）（私案：調整同意）28 条 3 号

③ 中立的調整行為への移行（A と B）

上記①と②において，弁護士は利益相反の状況と弁護士倫理を説明し，原則として先の依頼者の委任を受ける，または双方への拒否や辞任をする。例外として弁護士法 25 条 5 号規定の仲裁人・調停員に準じて公益的任務として，以下の準則をもって，依頼者間の調整行為を行うことができる。（32 条・42 条の 27 条への移行）

⒜ 資格──調整行為を行う能力については，法曹経験 10 年以上を妥当とする。

⒝ 下記条件を原則として事前に説明すること，各依頼者が全

4　利益相反（規程 27 条・28 条）

てについて同意すること，及び説明事項を守って実施する。
⑦　利益相反であるので，一方の代理ではなく，継続的な中立的調整行為と合意形成であること。調整行為の終了後にも，全ての者の代理をしないこと。
㋺　依頼者との関係及び事案の内容について重要な情報を開示すること（依頼者間では守秘義務を負わないこと）。
㋩　手続開始と終了や合意について，各依頼者に自由な決定権があること。
㋥　（終了までに）調整案の法的合理性及び各依頼者の利害得失の内容。
㋭　（終了までに）受領する報酬の支払人，額，及び時期。

2．（私案 28 条）別事件型利益相反の禁止
①　相手方の依頼者化型：依頼者 A の相手方 B からの依頼の Y 相手の他事件（A → B ⟶ Y）（先依頼者 A の同意不要）
②　依頼者の相手化型：依頼者 A からの他事件依頼者 B を相手とする事件
　（A → B → Y）（先依頼者 B の同意不要）（私案：顧問削除）

28 条 2 号

3．（私案 29 条）職務回避型利益相反の禁止
①　自己の経済的利益と相反する事件（改正案：依頼者同意削除）

28 条 4 号

②　親族を相手とする事件（私案：依頼者の同意削除）

28 条 1 号

③　公務員として職務上扱った事件　　　　　27 条 4 号

101

④　仲裁人・調停員・和解斡旋などの手続実施者などの就任前後の代理人関与を原則（就任）禁止とし，実質的弊害のないときを例外とする。　　　　　　　　　　　　　27条5号

⑤　財産管理人（遺言執行者・後見人・破産管財人・相続財産管理人など）の就任前後の代理人関与を原則（就任）禁止とし，実質的弊害のないときを例外とする。改正案新設（27条6号）

■同一事件型利益相反の解説

同一事件型利益相反は，ＡとＢの対立である。

⑴　1①③標準型

ⓐ　離婚事件など，先にＡの相談を受け，賛助した件については，原則として先の依頼者Ａの信頼を保護するため，その相手方Ｂを賛助したり，受任してはならない。その中には，大きく2つの類型に分けられる。対立型は離婚，売買契約などの一般的対価関係にある事案である。双方の利益と不利益は逆の関係となる。侵害型は，一方的贈与や一方的財産移転などである。例えば，団体Ａの顧問や理事として寄付を受け入れているとき，寄付者Ｂの決定済みの寄付を受ける事務手続に関与することは利益相反ではないとしても，誤解を受けるので，控えるべきである。それ以上にＢの相談を受け，どこへ，どのように寄付や遺贈をするかについて，賛助したり，書面作成するのは，Ａへの誘導をする行為となり，結果として弁護士への信頼を利用して詐欺的にＢやその相続人を侵害する。一方のＡのみの利益を計るもの，弁護士自身の利益を計るもの，弁護士の公正さを損なうものとして，対立型より悪質な侵害型として禁止されるべきである。侵害型の場

合に，報酬をBから受任しなくても，Bの寄付であるから，Aから受任する報酬は，Bから受任するものと同じである。そして，例外として対立型の場合には，双方の合意の下に双方の譲歩をする調整行為に入ることはできる。これに対して，侵害型の場合には，一方の贈与の額を増減するのみで一方的調整であり，Aの利益のみ計る利益相反そのものであり，中立的な調整行為はあり得ないこととなる。負担付贈与の場合もその条件設定は一般的に不確定な条件が多く，契約後の履行監督も必要となる。つまり，内容が不明確又は不確定のまま贈与のみが先行し，詐欺的とみなされるのが一般的というべきである。ましてや紛争後には，Bの代理人を依頼されることはないが，前記1①③(b)㋑のルールで，絶対にAの代理人になれないことは明白である。

　　ⓑ　Bからの賛助や受任の終了後に，先の依頼者たる相手方Aの存在を知ったとき，夫と妻の双方の相談を同時に受けたときには，原則として双方への拒否や辞任をする。例外として，調整行為をできる。Bを賛助する前に早期にBを拒否し，Aを依頼者とすることができない事情があったときである。

　　ⓒ　Aが顧問先のときには，Aを相手方とするBの依頼があったときにはAからも依頼を拒否できない状況にあり，原則として双方に賛助できない。例外として調整行為は可能である。28条2号では，AとBの同意を条件に許容する。しかし，単なる同意ではなく，中立的調整行為に入るとの特殊な合意である。それ故，この2号では，別事件型利益相反2②のみとし，顧問先相手事案を27条1号但し書に移行すべきである。

　⑵　1②③共同当事者型

103

第6章 『解説・弁護士職務基本規程〔第3版〕』及び2018年改正案

　共同相続人や共同債権者など，利益相反のAとBがXを相手とするとき，AとBは利益相反にあり，別の代理人をたてることが原則である。例外としてAとBの調整行為をした上で，双方の委任を受け，Xに対して代理人となれる。調整行為を行い，下記1③の合意をしなければならず，利益相反の状態についての単なる同意というものはあり得ない。よって，28条3号は，文章自体不十分どころか，その同意についても全く趣旨が明らかとされていない。解説は，共同当事者について，複数人からの受任について，甘い規則の考え方をしている。遺産分割で，意見の対立のないときには，対立の潜在とし，特別受益などで対立が顕在化したときに，回避措置を求める（43頁・129頁）。また債務者の総資産が債権者の総債権額を上回っていても，将来的には確実とはいえないが，その例を持ち出して対立がないとしている（93頁）。このような分かりにくい解説が弁護士懲戒申立を増加させている。

　遺産分割の分析を例にとれば，原則として対立有りだが，共同で相談に来ている状況では，ほとんど利害調整は可能であり，折半か，若干の修正をする。複数債権者の請求は債務者の総資産の不足を恐れて迅速に，前提として対立ありとして，債権割合での分配を合意書にする。平等型というべきである。但し，いずれも利害相反のある中での調整行為の成立である。これに対して，求償型というべき利益相反がある。株主代表訴訟と取締役数名，団体と理事数名の例では，調査費用，会計士や弁護士の費用まで含めて，厳しい求償関係が待っている。余程のクレーマー的な濫訴を除けば，交渉，和解，判決のいずれの場合でも。調整は困難である。また訴訟では後述の代理人排除の申立がされる。当初から

104

合意は難しいので，単独の代理に徹するべきである。

⑶　1③　中立的調整行為

中立的調整行為は，原則として，極めて難しい業務である。

解説は，小島武司「法学教室と法律家」を引用し，これを踏襲し，若干の修正を加えている。筆者は，小島ルールを継承しつつ，実務家としての経験を下に変更を加え，「変革の中の弁護士」（遠藤1993）に詳細な提言をした。「注釈弁護士倫理」にも引用されていた。しかし，解説はこれを引用せず，参考にしていないため，解説における調整行為の要件①～⑦（82項）はまことに不十分な分かりにくい説明となっている。上記私案㋑～㋩は，規程に入れるべきものとしてさらに整備したものである。小島ルールは，中立型調整行為の一般論を紹介している。共同当事者型にも触れていない。これに対して，筆者は，同一事件型を標準型と共同当事者型に分けつつ，後者の活用が多いとしつつ，共通するルールを定立している。解説はこの点を十分に理解していない。解説81頁では，「いまだ紛争が顕在化していない複数人間の利害を調整するために職務遂行（調整役）を依頼される場合がある」という。双方代理でもなく，27条1号の問題でもないという。根本的に考え方が異なっている。つまり，調整行為は，利益相反のあるときに要請される。1①と1②に続いて，双方に適用するものとして，1③を入れることとなる。その結果，規程32条（受任時説明義務）と42条（対立回避措置義務）は，極めて不充分な規程であることが分かる。32条を突き詰めると抽象的には利益相反と判断さるときには，直ちに先の依頼者の代理を宣明することとなる。42条も突き詰めると，双方と相談した後に，利益相反があれば，双

方拒否辞任か，調整行為となる。上記私案 27 条に含ませた方が正確となる。つまり，受任時の前後を問わず，27 条に規定し，順次すべてを包含した方がわかりやすい。

(a) 資　　格

原則として，「10 年以上」とは，困難な業務だからである。例外としては，共同受任弁護士の監督を受けるとき，利益相反の程度が極めて低く単純な事案であるとき，調整行為の成功（終了）後にのみ報酬を受領するときなどである。その場合にも，準則を守る必要は同じである。

(b) 説明と実施

㋑〜㋬については，必ず事前説明を要するが，㋬㋭については，可能であれば開始時に，その後終了までに適宜，説明を加えていくこととなる。同意書をとるか，段階的に説明書を交付するか，メールで残しておく。説明義務と共に実施義務が発生する。この点，小島ルールでは明確となっていなかったし，解説においても不充分である。

㋑　調整行為

初めに最も重要なことを説明する必要がある。双方共に代理ではないこと，終了後も双方の代理をしないことである。解説の上記①「利害対立の顕在化の恐れの少ないこと，調整役就任に適切な事案であること」とは，根本的誤りである。同一事件型利益相反類型では，利益相反の潜在化事案，顕在化する恐れのある事案，顕在化事案があり，区別できない。だからこそ早期の調整行為を必要とする。小島ルールの趣旨さえも正確に紹介できていないこととなる。

4 利益相反（規程 27 条・28 条）

ロ　情報開示

　関連する事項について，守秘義務を解除することの同意をとることとなる。解説と小島ルールでは，全当事者の立会協議の要件とするが，実務上困難であり，代わりに情報開示を要件とすべきである。「依頼者との関係」とは，主として顧問先であることを指す。解説でも，開示義務ありとするが，28 条 2 号の同意の意味は不明であり，調整行為のための同意に移行する必要がある。解説はこの重要性を認識していない。現在，大手法律事務所では，契約書のチェックなどを含めて，厳格に点検すれば，約 3 割は顧問同士の利益相反といわれている。解説や規程は混乱し，かつ分かりにくいため，極めて不適切な処理が継続している。10 人以上の事務所も多くなり，そこでも全く稀ではなくなっている。それ故，調整行為の頻度と重要性は高まってきており，規程にあげるべき時期にきている。

ハ　決定権

　仲裁に準じても，仲裁人が決定権限をもつ強制仲裁ではなく，調停と同じく，当事者に決定権があることを明確にする。

ニ　利害損失

　調整により，時間，労力，コストが下がることを説明することにより円滑化する。しかし，内容が固まっていなければ事前の説明でなくてよい。

ホ　報酬

　弁護士報酬を調整行為として双方から受領するとの事前承諾を取らないと弁護士法 26 条・規程 53 条の違反の汚職行為になりかねない。26 条は単なる同意で解除されない。双方の顧問先な

第 6 章 『解説・弁護士職務基本規程〔第 3 版〕』及び 2018 年改正案

どに無償で行うか，合意の成功終了後に受領するのが安全である。解説と小島ルールのように，当事者の折半とする必要はない。報酬の合計額が高いときには公平や公正が疑われ紛争となる。公益型と考え，紛争を安く早く労力をかけずに解決するものとして，総報酬額を安くし，公正を旨として紛争予防に尽くすべきである。32 条と 42 条を合わせた私案は以下の通りである。

■ 32 条受任時説明義務・42 条利害対立回避措置義務

弁護士は，同一事件について複数の依頼者から事件を受任するに当たり，利益相反であることから，一方との協議前であれば他方受任，双方拒否，または調整行為とする。双方との協議後であれば，双方拒否か，調整行為に入る。調整行為と合意の後でも，さらに利害相反となれば調整行為を続けるか，双方辞任とする。

① 32 条受任時説明義務

複数の依頼者のある場合，「利害の対立の生じる恐れがあるとき」には，一方受任または双方拒否をしなければならない。32 条「辞任の可能性その他の不利益を及ぼす恐れのあることを説明しなければならない」ということは，全く正確な手続の説明ではない。説明したからといって，賛助や受任をすれば双方代理に陥ってしまう。進行したときに，利害対立が生じた（顕在化）というのは，言い訳にすぎず，そのときに双方辞任しても遅いのである。

② 42 条受任後利害対立回避措置義務

42 条「辞任その他適切な措置をとる義務」という。同一事件型は，利害相反があるから，原則として一方受任である。例外として調整行為として，合意の上で進行する。進行中に新たな調整

108

行為が必要となることも比較的多い。そのときにすわなち，新たな利害相反が発生したときには，調整し，合意する。合意できないときには，終了し，双方辞任となる。

③　連続する義務

32条受任時説明義務と42条受任後利害対立回避措置義務はいずれも複数の依頼者の存在を前提として，説明や措置を求めている。これは単純に，同一事件型利益相反行為における説明義務と措置義務であり，連続しているものである。32条と42条は「利害の対立の生じる恐れのあるとき（事件）」42条は「現実に利害の対立の生じたとき」と表現される。しかし，複数人から同一事案で相談や協議を受けること自体で，利益相反行為が始まる。解説は，これを曖昧にすることにより，分かりにくくしている。「利益相反のない状況」「利害相反の潜在状況」「その恐れ」「その顕在化」などと4段階に分けて規律することは，理論上も，実務上も，依頼者にも分からないし，すべきことではない。同一事案の利害相反は，質としてはあるかないかだけであり，対立が浅いか，深いかは量的なものにすぎない。できる限り，早く一方受任，双方拒否辞任，調整行為を決めるに尽きる。遅くなれば，つまり解説のいう対立が顕在したときでは，双方から辞任しても許されるとはいえない。着手金など報酬も返還することとなる。そのときは金銭非行型に移行してしまう。少なくとも着手金などを受任する前に措置をし，できる限り報酬を後払いにすることが自己の金銭的動機を劣後させる公益的業務の方法といえる。

第 6 章 『解説・弁護士職務基本規程〔第 3 版〕』及び 2018 年改正案

■専門家責任型・忠実義務違反型の特質

利益相反は社会においても，法曹の間でも分かりにくいとされている。その理由は，取締役や弁護士の業務などについて，善管注意義務違反と忠実義務違反を大きく分けないことにある。本書では，これを分けて類型化したので，分かりやすくなった。これに関連して，特に報酬との関係は一切論じられていなかったことに課題があった。

①　懈怠（強要）型（善管注意義務違反型）（対等型）

弁護士と依頼者の対等な契約関係，業務との対価性関係を軸として位置づけられる。一般的対価関係にある有償契約であり，契約上の義務の不履行として懈怠型がある。控訴手続の期限経過の懈怠などは，自動的に戒告などになっているが，着手金の受領前で対価性がなければ義務違反とならない。

②　利益相反型（忠実義務違反型）（専門家責任型）

特別な地位や資格に伴う義務を負う。専門家と素人という情報格差がある。弁護士は依頼者という弱い立場につけ込める立場となる。この義務に違反することは，地位利用により自己の利益を得るもので，さらに自己の金銭的動機を優先させていくものである。利益相反型では，複数人の相談を受けたり，受任をすれば，それだけ報酬が増加していくので，一般人の経済感覚と逆というべき別途の専門家としての倫理観・義務を負う。つまり弁護士法で，その金銭欲を押し殺す義務がある。複数人からの受領は汚職として刑罰の制裁をもって強制されている。このように位置づけると，この類型では，弁護士の無償行為は，依頼者の利益増大を計るだけであり，自己の利益を得ないので，義務違反とならない。

110

4 利益相反（規程 27 条・28 条）

また，着手金が低廉の成功報酬では，一般的に，依頼者と利益を共有するもので，そもそも忠実義務に違反しないと言える。共同当事者の場合，中立的調整行為の場合，特に成功報酬の条件であれば，義務違反といえないのはこの理由による。ましてや，非行などに当たらないことは明白である。

■利益相反の訴訟行為の排除決定（同一事件型標準型）

1．対立型の例

最高裁は下記事案で訴訟代理人の利益相反の訴訟行為を排除する決定をした（最一判決平成 29・10・5 金判 1535 号 18 頁，破棄自判）。

「Aの依頼をうけた弁護士Xは，Aの取引先Bとの交渉をし，Bをスポンサーとして，Aの代理として民事再生申立をした。その後，Bが支援を打ち切ったため，破産に移行し，破産管財人Yが選任された。Yは，Bに対して，運送代金等請求及びBへの送金に対して否認権行使に基づく支払請求の訴訟をした。XはBの代理人として訴訟行為をした。」

弁護士法 25 条 1 号違反の訴訟行為の効力について，以下の学説が唱えられてきた。①有効説 職務上の訓示規定と解して懲戒原因とはなるが，訴訟法上・実体法上は影響ないとする。しかし，弊害を放置することになるので，妥当ではない。②絶対的無効説 弁護士の職務規律を重視し，無効とする。しかし，訴訟行為すべてが無効となり訴訟が成り立たないので妥当でない。③追認説 無権代理行為の一種と評価して追認を許容する。相当期間経過により，異議権を放置したものとして，追認したとみなすことになる。実質上，次の異議説と同じになる。④異議説 本人・相手方

111

第 6 章 『解説・弁護士職務基本規程〔第 3 版〕』及び 2018 年改正案

が違反を知ったときに遅滞なく異議を述べておかないと訴訟行為の無効を主張できなくなるとする。一般的には辞任をまつことになるので，知ったときは，緩やかに解すべきである。

　訴訟代理人の利益相反の訴訟行為があるときに，手続関与を排除する方法として，ⓐ中間判決によるもの，ⓑ終局判決によるもの，ⓒ職権又は当事者の申立に基づき，決定により手続関与の排除を行い，これに対して即時抗告が許されるとするものがあった。ⓐⓑは，弾力的運用ができないので，ⓒが妥当となる。

　結論として，上記④とⓒの組み合わせの異議説が妥当となる。最高裁も同様の立場に立ち，以下のとおり認定した。

「①弁護士法 25 条 1 号違反の訴訟行為および同号違反の訴訟復代理人から委任を受けた訴訟復代理人の訴訟行為の排除を求める相手方当事者の申立権を共に肯定した。

②訴訟行為を排除された当事者の即時抗告権を民訴 25 条 5 項の類推適用により肯定した。

③その当事者の訴訟代理人・訴訟復代理人自身の即時抗告権を否定した。

④破産者の依頼を承諾したことのある弁護士が，その破産管財人の相手方の訴訟代理人として行う訴訟行為は弁護士法 25 条 1 号違反となると認定した。」

　対立型では，一般的には，双方の代理的関与をすることはまずありえない。上記例では，A の立場が破産管財人 Y に変わったために発生した。Y としてみれば，B の訴訟代理人として X が出てくれば，先の依頼者 A(Y) の信頼を裏切り，A を不利益にするものとみなしたから排除申立をしたのである。

4 利益相反（規程27条・28条）

2．侵害型の例

　高齢者施設の顧問弁護士は，施設の財産管理の相談を受けている立場にある。入居者（予定者）から将来の財産管理や遺言の相談を受けることがある。施設への寄付が含まれていない場合には問題ないが，施設への寄付について相談を受け，これを受け入れるならば，誘導するものとみなされ，侵害型の利益相反となる。弁護士の公正さも疑われるので，自分は関与しない，つまり回避すべきこととなる。さらに，任意後見人や法定後見人が存在し，その者との協議で被後見人の財産の相談を受ける場合には，後見人の寄付は，後見監督人などの選任手続をしない限り無効となる。実体法上も無効となる上に，訴訟にて施設側の訴訟代理人をすれば，前記の通り，排除されることとなる。

■正当業務型の要素

　以下4つの要素は弁護士倫理の善として共通するものだが，特に利益相反の場合をあげておく。

1．依頼者の同意

　標準型の利益相反では依頼者の同意をもっても解除されない。その他の規程の多くの条文において，共同訴訟型など依頼者の同意を要件として，禁止を一律に解除するが，妥当ではない。まず，理由が明確でない。そして，同意により自己の不利益を甘受することになるが，専門家責任型では真の同意とは言えない面がある。但し，正当業務型を検討する際の重要な要素となることは間違いないが，上記2と3に関連しているといえる。

2．報酬の無償制・低廉性

113

着手金（報酬）が無償，低廉，成功報酬であれば，依頼者の利益が優先し，弁護士の利益は劣後する。一般的な代理業務では，労力・時間・コストが過大となる傾向にある。中立的調整行為や形式的利益相反行為でも紛争の当事者・関係者の労力・時間・コストの制限となる。汚職行為と見る必要はない。

3．公益性

裁判所の判決などをただしたり，行政行為を是正することもある。また，悪徳弁護士の行為を制止させようとすることもある。弁護士が多数の関係者を代理して，告発や申立などを行うときには，形式的な利益相反があっても，公益性により正当化される。

4．実害の不存在

弁護士倫理違反を弁護士への抽象的信頼を維持させるために，形式的にとらえる傾向がある。たとえば，控訴期間の途過である。しかし，控訴しても判決が覆る可能性がない場合も多い。このような場合，着手金を受領する前の委任契約締結前であれば，実害はないので義務違反とすべきでない。

■別事件型利益相反の解説

① 相手方の依頼者化型 　　　　　　　　　　　27 条 3 号

依頼者Ａの代理人で相手方Ｂと対立しているとき，一般的に相手方Ｂから別事件を依頼されることはなく，依頼者Ａの同意も真の同意とはいえない。例外としての許容としては，ＡＢ間の事件終了時に，相手方Ｂから依頼されること，ＡＢ間のＡの報酬が無償の公益型の場合，新たにＹへの追及をしてＡの利益も増加する場合など特殊なケースであり，依頼者Ａの同意の重要といえない類

型である。

②　依頼者の相手方化型　　　　　　　　　　28条2号

依頼者Bの代理人としてYを相手としているとき，Aからの依頼
をされる場合である。

　①よりも相手方となる依頼者Bは同意しないことは明らかであ
る。依頼者Bの信頼を損ない，Bの秘密を侵害し，弁護士業務の
公平性を害する。それ故，依頼者Bの同意も真の同意であるはず
もない。Bが顧問の場合は，より真の同意はありえない。なぜか
といえば，顧問の場合別事件でないからである。顧問先は常にあ
らゆる相談をしてくる状況である。同一事件型に入れるべきであ
る。この本質的点が理解されていないために，28条2号に顧問
先を相手とする場合の同意を入れてしまった。この点で根本的誤
りがある。つまり，27条と28条を分けたことから，解説は，こ
れにとらわれ，別々にしか分析できなくなってしまった。よって，
別事件型では，依頼者の同意を要件とせず，例外として弁護士の
公益義務や正当業務の場合には，許容されると考えるべきである。

■遺言執行者の利益相反（改正案）

　（結論）改正案に賛成し，財産管理人として統一して遺言執行者・
後見人・破産管財人などにも拡大すべきであり，原則として地位
就任とその前後の代理人関与を原則（就任）禁止とし，例外とし
て実質的弊害のない場合を許容する。

　改正案は，第27条6号として，「遺言執行者として職務上取り
扱った遺言の相続財産に係る事件であって，当該の遺言に係る相
続人又は受遺者の依頼によって他の相続人又は受遺者を相手方と

第 6 章　『解説・弁護士職務基本規程〔第 3 版〕』及び 2018 年改正案

するもの」を追加する。

　森編著書 500 頁によると，ドイツでは，「遺言執行者，倒産管財人，財産管理人などは，終了後に財産の帰属者を相手とすることができず，また，先に財産の帰属者を相手とする事件をした場合には，遺言執行者などに就任できない。」とする。後見人は財産管理人などに含まれるとみられる。今回の改正案は遺言執行者に限定し，かつ前段（終了後の相手方事件）の場合のみである。まことに中途半端で逆に極めて分かりにくくなってしまう。それ故，原則としてドイツ型とする。そして，私案では，相手方に限らず，就任前後の代理人関与の（就任）禁止として統一する。財産管理人の用語で分かりやすく統一する。例外として，実質的弊害のない場合には許容するものとする。銀行，カード会社，リース会社など大組織を代理人とする場合，大量処理の一環の代理人関与の場合などでは，画一処理が多く裁量がないから弊害はないといえる。この職務回避型利益相反とは，27 条 1 号同一事件型標準型を基礎としているから，管理人として包括代理人となるので，前の代理人関与は就任禁止となる。但し，この標準型だけでなく，規定 81 条によれば「職務の公正を保ちえない事由のあるとき」には就任できないので，親族関係などを含めて，広く就任制限となるので妥当といえる。後の代理人関与は禁止となる。それ故，例外については包括代理業務をするについて，標準型の実質的弊害がないときには認められる。

■依頼者の利益と弁護士の経済的利益が相反する事件(改正案)
　(結論) 改正案の規程 28 条 4 号について，依頼者の同意要件

を削除することに賛成し，1号も同じに削除する改正をすべきである。1号は弁護士の親族を相手とする場合，4号は弁護士自身の個人的利益をもつ場合と，いずれもその心情からして相手方に手心を加える恐れがあり，職務を禁止している。いずれも同意は真の同意とはいえないので削除すべきである。しかし，1号と4号を切り離して規定すべきでなく，連続しておくべきである，双方と共に，依頼者の同意をもって解除しているが，依頼者の同意は真の同意と言えず，同意の有無に関わらず禁止すべきである。

5　依頼者紹介の対価

（結論）（私案）13号1項を11条に移行し，13条2項を13条とし，「業として，弁護士による弁護士及び依頼者の斡旋の禁止，及びその際の紹介料の授受の禁止」を新設する。改正案3項には反対（不要）である。

改正案は依頼者紹介の対価の支払いと受領について，類型化できていないために，分かりにくい方法を取りつつある。以下の通り分かりやすく類型化する。

1．非弁提携の禁止（非弁護士による事件斡旋・名義借用の禁止）

（私案）①　非弁護士との連携を禁止する（第11条）
②　弁護士は非弁護士に対価の支払い又は報酬分配をしてはならない。

（13条1項を上記11条に移行する。）

第 6 章　『解説・弁護士職務基本規程〔第 3 版〕』及び 2018 年改正案

規程 13 条 1 項は「弁護士が依頼者の紹介をうけたこと」についての謝礼禁止であり，金銭非行型の内の非弁提携型である。

2．弁護士による依頼者の紹介

改正案は，旧 2 項（弁護士による依頼者の紹介）を分解して，新 2 項において，「弁護士による他の弁護士への依頼者の紹介」，新 3 項で「弁護士による第三者への依頼者の紹介」として，弁護士は，依頼者または第三者のすべてから謝礼を受け取ってはならないとする。

(1)　弁護士の弁護士への依頼者の紹介の対価受領の禁止（改正案 13 条 2 項）

困難な件について，弁護士が相談を受け，その事件に相応しい他の弁護士を紹介し，協力して事件の見通しを立て，依頼者の着手金や報酬の内から若干支払うことは，依頼者の利益にもなるので，業務の対価としての運用をしてもよく，品位を害するわけでもない。また高齢の弁護士が若手に事件を紹介することもある。よって弁護士が相談を受けた案件を他の弁護士に紹介し，協力者として謝礼を受けることは許容される。ただし，広告などを使い業として行うビジネスについては禁止するべきである。用語としては，「業務としての弁護士による弁護士及び依頼者の斡旋」とした方が分かりやすい。13 条として新設することを妥当とする。

(2)　弁護士による第三者への依頼者の紹介の対価受領の禁止（改正案 13 条 3 項）

新 3 項において，依頼者を第三者の顧客として紹介した時に，仲介手数料などの謝礼を受け取ってならないとする。第三者及び

現在の依頼者の双方から受領してはならないと提案している。筆者が「変革の中の弁護士」（遠藤 1993）で論じたように，極めて重要な問題である。

① 顧問先への儀礼的紹介

弁護士が依頼者を自分と無関係な第三者に紹介することはない。ほとんどは自分の関係する信用のある顧問先などに紹介することを指すこととなる。弁護士の地位利用の品位を害する行為とみなされない程度の単なる紹介もあるので，業としてするわけでもない以上，社会的儀礼の範囲の謝礼について，規程は不要である。

② 同一事件型侵害型

弁護士の利益目的で，顧問先の営業のために，依頼者に契約させ出費されるなどの利益を侵害する行為で，一方または双方から対価を受領するときには，同一事件型侵害型の準用として義務違反とする。

③ 代理業務の一環

弁護士の役割の拡大として，依頼者の代理人の業務を遂行した時，その利益の増大という結果であれば，利益相反を回避して，推奨される。弁護士は，自己の依頼者の案件処理のために不動産売却などの買い主を紹介する場合には，利益相反の類型として，第4に記載したとおり注意すべきである。既に一方の代理をしているので，報酬を依頼者から受領するのである。単なる紹介ではなく，例えば，弁護士が売却物件について数社の入札後の相場の代金決定後に顧問先に紹介したところ，さらに高い額で購入した例がある。依頼者は喜んで同意された。弁護士のノウハウで積極的な代理行為である。単なる紹介ではなく，弁護士としての重大

119

第6章 『解説・弁護士職務基本規程〔第3版〕』及び2018年改正案

な業務であることを認識すべきである。

④ 中立的調整行為 相談を受けた依頼者を顧問先に紹介すること，顧問同士を紹介すること，これにより，M&Aなどの事業を成立させるのは，前記第4の調整行為として可能となり，対価を受領できることとなる。

あとがきに代えて

　本書の原稿につきまして，弁護士倫理に詳しい専門家にご意見をいただきました。是非ご参考にしていただきたく以下のとおりご紹介いたします。

■小林秀之弁護士（一橋大学名誉教授）

　遠藤先生とは，司法研修所 28 期で，松尾浩也先生のミランダ判決原書講読セミナーでご一緒して以来，共に米国の民事訴訟に関して切磋琢磨して研究してきました。そして，米国の民事訴訟の動態的発展を少しでも日本に導入させたいとの思いを共通にしてきました。本書は，まさに日本の民事訴訟の静態的状況を，弁護士の主体的裁量性により，動態的に進めようという意欲作といえます。「為すべきでない懲戒 5 類型」は分かりやすく，また「為すべき正当業務型」は，まさに弁護士本来の任務をうたうものです。学生に教える立場として，このように整理された作品は，大変貴重です。法科大学院生や若き法曹への天からのプレゼントのようにみえます。

　これまで弁護士懲戒の適正な運用や弁護士の正当業務について正面から論じた本は少ない状況でした。ほぼ未開拓に近い領域を弁護士でもあり研究者でもある遠藤先生が切り開かれたことは，民訴学会にとっても慶賀すべきことです。

121

あとがきに代えて

■今村俊一弁護士（山口県弁護士会元会長）

　本書を拝見して若き日に遠藤先生と佐藤優先生と共に，学生や労働者の刑事事件で，東京地裁を中心に走り回ったことを想い出しました。あの頃の遠藤先生の情熱が途切れることなく，いやそれにも増して，弁護士業務に邁進し，精進されていることが分かりました。本書は，豊富な経験に基づく事例を含み，また大変分かりやすく類型化をされています。若い方には是非おすすめします。弁護士会の役員を経験して，会の業務の中では，懲戒申立の処理は最も重要な任務でした。弁護士会の中では，様々な議論がされている状況の中で，本書はまさに時機を得た出版です。遠藤先生の問題提起をうけて全国の弁護士会で検討が進むことを祈念致します。

■佐藤優弁護士（第二東京弁護士会元綱紀委員会委員長・（社）自由人権協会元事務局長）

　遠藤先生とは，若き日に28期の人権派のグループとして，活動しました。自由人権協会の事務局長として国連世界人権会議に出席するなど，世界の人権NGOとの交流を通じて，他国の弁護士の多様な活動を知ることができました。そのときから日本の弁護士は，より自由に積極的にはばたいていただくよう期待してきました。そのためには，弁護士懲戒を恐れて，萎縮していてはなりません。私は，綱紀委員会委員長として，多くの事例を裁定してきて，弁護士業務の困難性も理解し，意見の割れる件にも根気よくつきあいました。本書を見ればより効率よく，整理できると思います。そして何よりも，本書では，若い人達が積極的に活動

あとがきに代えて

できる指針が示されています。また一般には，利益相反は，大変分かりにくいとの評判となっています。本書による整理は，まことに分かりやすくなっています。これほど明解に解説したものはありません。遠藤先生には，これからも弁護士会を指導していただくよう祈念いたします。

［参考文献］

青井秀夫（2007）『法理学概説』有斐閣，202-302 頁

芦部信喜（2000）『憲法学Ⅲ人権各論(1)（増補版）』有斐閣，103 頁・353 頁 -354 頁

ドゥオーキン，ロナルド（1986=1996）『法の帝国』（小林公訳）未來社

馬場健一（1994）「法化と自律領域」棚瀬孝雄編『現代法社会学入門』法律 文化社，73 頁

遠藤直哉（1988）「民事訴訟促進と証拠収集」判例タイムズ 665 号 24 頁

—（1992）「アスベスト」労災職業病健康管理Ⅰ『労災職業病の企業責任』 総合労働研究所，215 頁以下

—（1993）「中立型調整弁護士モデルの展望——隣接業種との協働，複数 依頼者からの報酬の受領，営業許可制度」宮川光治他『変革の中の弁 護士——その理念と実践・下』有斐閣，265 頁

—（2000）『ロースクール教育論——新しい弁護技術と訴訟運営』信山社

—（2002）『取締役分割責任論』信山社

—（2004）『危機にある生殖医療への提言』近代文芸社

—（2005）『はじまった着床前診断』はる書房

—（2007a）「着床前診断と患者の権利——説明義務違反による治療機会 の喪失」『21 世紀の家族と法』小野幸二教授古稀記念論文集・法学書院， 368 頁以下

—（2007b）「居住用財産の配偶者への贈与と詐害行為取消権——諸外国 の自宅保護制度政策と日本の遅れている現状」同上，162 頁以下

—（2008）「生殖補助医療支援基本法の制定の必要性」法律時報第 80 巻 1 号 88 頁・日本評論社

—（2012a）『新しい法社会を作るのはあなたです——「ソフトロー」と「分 割責任論」の活用』アートデイズ

—（2012b）『ソフトローによる医療改革』幻冬舎メディアコンサルタン ト

—（2012c）『ソフトローによる社会改革』幻冬舎メディアコンサルタン ト

—（2014）『ソフトロー・デモクラシーによる法改革』Bilingual Edition アー

［参考文献］

　トデイズ

── （2016）「法科大学院制度の漸進的改革 ── 形式的合法性と実質的合法
　性の統合」法社会学第 82 号 218-248 頁

　福原忠夫（1970）「弁護士法」第一法規

Haley, John O. (1991) "Authority Without Power - Law and the Japanese Para-
　dox" Oxford Yniversity Press

長谷川晃（2006）「〈法の支配〉という規範伝統 ── 一つの素描」法哲学年報
　2005，18-29 頁

樋口範雄（2011）『アメリカ憲法』弘文堂

平野仁彦（2007）「アメリカにおける法曹養成と哲学」法哲学年報 2006

弘中惇一郎（2014）『無罪請負人 ── 刑事弁護とは何か』角川書店

堀内健志（2006）「医師会規程による専門医制度規律と職業の自由 ── 専門
　医決定」ドイツ憲法判例研究会編集代表・栗城壽夫他『ドイツの憲法判
　例Ⅱ（第 2 版）』信山社，276 頁以下

指宿信（2014）『証拠開示と公正な裁判（増補版）』現代人文社

井上達夫（2001）『現代の貧困』岩波書店

石田京子（2014）「資料 ABA 弁護士懲戒実施規範規則の紹介と試訳」比較
　法学 48 巻 2 号　197-246 頁

伊藤正孝（1993）『欠陥車と企業犯罪 ── ユーザーユニオン事件の背景』社
　会思想社

イェーリング（1872=1990）（小林孝輔・広沢民生訳）『権利のための闘争』
　日本評論社

ケイガン，ロバート・A.（2001=2007）（北村喜宣他訳）『アメリカ社会の法
　動態 ── 多元社会アメリカと当事者対抗的リーガリズム』慈学社

神橋一彦（2006）「弁護士会の制定した身分指針と職業の自由 ── 弁護士身
　分指針決定」ドイツ憲法判例研究会編集代表・栗城壽夫他『ドイツの憲
　法判例Ⅱ（第 2 版)』信山社，259-264 頁

木佐茂男（1995）『人間の尊厳と司法権 ── 西ドイツ司法改革に学ぶ』日本
　評論社

李衛東（1994）「法と社会変動」棚瀬孝雄編『現代法社会学入門』法律文化社，
　98 頁

牧野忠則（2006）「名誉毀損的表現と真実性の証明 ── バイヤー社株主事件」
　ドイツ憲法判例研究会編集代表・栗城壽夫他『ドイツの憲法判例Ⅱ（第 2

［参考文献］

版)』信山社，138 頁

正木ひろし（1973）『首なし事件の記録──挑戦する弁護士』講談社現代新書

升田純（2007）「弁護士等の訴訟活動に伴う名誉毀損・プライバシーの侵害」中央ロー・ジャーナル 3 巻 4 号 38-56 頁

松井茂記（2013）『表現の自由と名誉毀損』有斐閣

松尾弘（2012）『開発法学の基礎理論』勁草書房

松浦好治（2012）「アメリカ型積極国家とリーガリズム──法哲学の社会的機能」法哲学年報 1997，240-252 頁

宮澤節生（1998）「応答的司法のための司法改革・弁護士改革の課題──日弁連への期待」宮澤節生・熊谷尚之・司法制度懇話会編『21 世紀司法への提言』日本評論社，2-32 頁

── （2008）「日本におけるコーズ・ローヤリング型公益弁護専門組織の可能性──試論」『小島武司先生古稀祝賀・民事司法の法理と政策（下巻)』商事法務，885-909 頁

森際康友（2015）『法曹の倫理［2.1 版]』名古屋大学出版会，2-8 頁

森元拓（2006）「不法と闘争の法哲学──イェリネックの法理論」法哲学年報 2005，165-175 頁

毛利透（2008）『表現の自由──その公共性ともろさについて』岩波書店

中山竜一（2000）『二十世紀の法思想』岩波書店

ロールズ，ジョン（1971=2010）（川本隆史他訳）『正義論』紀伊國屋書店

ノネ＆セルズニック（1978=1981）（六本佳平訳）『法と社会の変動理論』岩波書店

サンデル，マイケル J.（2010）「民主政の不満──公共哲学を求めるアメリカ 上」勁草書房

鈴木忠五（1985）『世にも不思議な丸正事件』谷沢書房

高橋和之（2015）『立憲主義と日本国憲法（第 3 版)』有斐閣

タマナハ，ブライアン・Z.（2004=2011）（四本健二監訳）『"法の支配"をめぐって──歴史・政治・理論』現代人文社，129-161 頁

田中成明（1994）『法理学講義』有斐閣，282-289 頁

冨澤真弓（2004）「アメリカの弁護士懲戒制度(下)」日本弁護士連合会司法改革調査室報 No.3，25-47 頁

佃克彦（2012）『名誉毀損の法律実務（第 2 版)』弘文堂

［参考文献］

山口裕博（2009）「法廷における名誉毀損——イギリス法における絶対的特権法理の射程」『小島武司先生古稀祝賀〈続〉権利実効化のための法政策と司法改革』商事法務，1055-1093 頁
山本ゆかり（2016）「ホームオブハート事件——消費者被害者に対する加害者側による SLAPP 事例」消費者法ニュース No.106，消費者法ニュース発行会議
吉見俊哉（2016）『大学とは何か』岩波書店

〔付記〕　旧稿作成にあたり，筆者が代表を務める弁護士法人フェアネス法律事務所の渡邉潤也弁護士が本件訴訟 10 数件を遂行する中で文献調査を担当し，その他全員の協力を得て，14 年間の「自由と正義」の懲戒事例すべてを分析し，集計できたことを付記します。

〈著者紹介〉

遠 藤 直 哉（えんどう・なおや）
1945年生，弁護士法人フェアネス法律事務所代表弁護士，日本法社会学会・
日本私法学会・日本民事訴訟法学会の会員，麻布高校卒，東京大学法学部卒，
ワシントン大学ロースクール（LLM），中央大学（法学博士），第二東京弁護士
会平成8年度副会長，桐蔭横浜大学法科大学院教授歴任

（主要著書）
『ロースクール教育論』信山社（2000年），『取締役分割責任論』信山社（2002年），
『危機にある生殖医療への提言』近代文芸社（2004年），『はじまった着床前診断』
はる書房（2005年），『ソフトローによる医療改革』幻冬舎ＭＣ（2012年），「ソ
フトローによる社会改革」幻冬舎ＭＣ（2012年），『新しい法社会をつくるのは
あなたです』アートデイズ（2012年），『ソフトロー・デモクラシーによる法改革』
アートデイズ（2014年）

法動態学講座　2

新弁護士懲戒論
為すべきでない懲戒5類型
為すべき正当業務型
── 法曹増員後の弁護士自治 ──

2018（平成30）年12月15日　第1版第1刷発行
8142-01011:P140　￥1600E-012-020-005

著　者　遠　藤　直　哉
発行者　今井　貴・稲葉文子
発行所　株式会社　信 山 社
〒113-0033 東京都文京区本郷6-2-9-102
Tel 03-3818-1019　Fax 03-3818-0344
笠間才木支店 〒309-1611 茨城県笠間市笠間515-3
Tel 0296-71-9081　Fax 0296-71-9082
笠間来栖支店 〒309-1625 茨城県笠間市来栖2345-1
Tel 0296-71-0215　Fax 0296-72-5410
出版契約2018-8142-2-01011　Printed in Japan

©遠藤直哉, 2018　印刷・東洋印刷　製本・渋谷文泉閣
ISBN978 4-7972-8142-2 C3332 分類327.005

JCOPY〈(出)出版者著作権管理機構　委託出版物〉
本書の無断複写は著作権法上での例外を除き禁じられています。複写される場合は，
そのつど事前に，(社)出版者著作権管理機構（電話03-3513-6969, FAX 03-3513-6979,
e-mail: info@jcopy.or.jp）の許諾を得てください。

法律学の森シリーズ

変化の激しい時代に向けた独創的体系書

大村敦志　フランス民法

戒能通厚　イギリス憲法〔第2版〕

新　正幸　憲法訴訟論〔第2版〕

潮見佳男　新債権総論Ⅰ　民法改正対応

潮見佳男　新債権総論Ⅱ　民法改正対応

小野秀誠　債権総論

潮見佳男　契約各論Ⅰ

潮見佳男　契約各論Ⅱ　（続刊）

潮見佳男　不法行為法Ⅰ〔第2版〕

潮見佳男　不法行為法Ⅱ〔第2版〕

藤原正則　不当利得法

青竹正一　新会社法〔第4版〕

泉田栄一　会社法論

芹田健太郎　国際人権法

小宮文人　イギリス労働法

高　翔龍　韓国法〔第3版〕

豊永晋輔　原子力損害賠償法

信山社

宇賀克也責任編集

行政法研究

★行政法学の未来を拓く研究雑誌★

【創刊第 20 号 特別企画】
特集 行政法の課題

【目 次】

はしがき〔宇賀克也〕
◆1 グローバル化の課題　　　　　　　　　　〔原田　大樹〕
◆2 行政立法の課題　　　　　　　　　　　　〔野口貴公美〕
◆3 行政手続の課題　　　　　　　　　　　　〔大橋　洋一〕
◆4 情報法制の課題―情報三法の課題　　　　〔藤原　靜雄〕
◆5 行政の実効性確保の課題　　　　　　　　〔曽和　俊文〕
◆6 行政不服審査法の課題　　　　　　　　　〔碓井　光明〕
◆7 行政訴訟法の課題　　　　　　　　　　　〔山本　隆司〕
◆8 国家補償法の課題　　　　　　　　　　　〔宇賀　克也〕
◆9 行政組織法の課題　　　　　　　　　　　〔松戸　浩〕
◆10 公務員法の課題―職務命令に対する服従義務について
　　　　　　　　　　　　　　　　　　　　〔下井　康史〕
◆11 公物法の課題　　　　　　　　　　　　　〔三浦　大介〕
◆12 地方自治の課題―自治体の組織編成，特に二元代表制
　　をめぐって　　　　　　　　　　　　　〔斎藤　誠〕
◆13 環境法の課題　　　　　　　　　　　　　〔北村　喜宣〕
◆14 社会保障における行政法の課題　　　　　〔前田　雅子〕
◆15 経済行政法の課題　　　　　　　　　　　〔友岡　史仁〕
◆16 消費者行政法の課題―行政法理論への 10 の挑戦
　　　　　　　　　　　　　　　　　　　　〔中川　丈久〕

信山社

◆ 法律学の未来を拓く研究雑誌 ◆

民法研究 第2集　大村敦志 責任編集

民法研究　広中俊雄 責任編集

消費者法研究　河上正二 責任編集

憲法研究　辻村みよ子 責任編集
〔編集委員〕山元一／只野雅人／愛敬浩二／毛利透

行政法研究　宇賀克也 責任編集

メディア法研究　鈴木秀美 責任編集

環境法研究　大塚直 責任編集

社会保障法研究　岩村正彦・菊池馨実 責任編集

法と社会研究　太田勝造・佐藤岩夫 責任編集

法と哲学　井上達夫 責任編集

国際法研究　岩沢雄司・中谷和弘 責任編集

ＥＵ法研究　中西優美子 責任編集

ジェンダー法研究　浅倉むつ子・二宮周平 責任編集

法と経営研究　加賀山茂・金城亜紀 責任編集

信山社

各国民事訴訟法参照条文 三ケ月章・柳田幸三 編

民事訴訟法旧新対照条文・新民事訴訟規則対応
日本立法資料全集編集所 編

民事裁判小論集 中野貞一郎 著

民事手続法評論集 石川 明 著

増補刑法沿革綜覧
松尾浩也 増補解題 /倉富勇三郎・平沼騏一郎・花井卓蔵 監修

民事訴訟法〔明治23年〕 松本博之・徳田和幸 編著
日本立法資料全集本巻

破産法比較条文の研究 竹下守夫 監修
加藤哲夫・長谷部由起子・上原敏夫・西澤宗英 著

民事手続法の現代的機能 石川明・三木浩一 編

国際的民事紛争と仮の権利保護 野村秀敏 著

民事訴訟法判例研究集成 野村秀敏 著

手続保障論集 本間靖規 著

倒産法 三上威彦 著

〈概説〉倒産法 三上威彦 著

法学六法

池田真朗・宮島司・安冨潔・三上威彦・三木浩一・小山剛・北澤安紀 編集代表

信山社

法動態学講座シリーズ　1
新しい法科大学院改革案
AI に勝つ法曹の技能―基礎法学と実定法学の連携

法動態学講座シリーズ　2
新弁護士懲戒論
為すべきでない懲戒5類型　為すべき正当業務型―法曹増員後の弁護士自治

ロースクール教育論　遠藤直哉　著

取締役分割責任論　遠藤直哉　著

現代日本の法過程 ― 宮澤節生先生古稀記念
上石圭一・大塚浩・武蔵勝宏・平山真理 編

ブリッジブック法システム入門（第4版）
宮澤節生・武蔵勝宏・上石圭一・菅野昌史・大塚 浩・平山真理 著

法と社会研究　太田勝造・佐藤岩夫 責任編集

民事紛争処理論　和田仁孝 著

民事紛争交渉過程論　和田仁孝 著

和解は未来を創る ― 草野芳郎先生古稀記念
豊田愛祥・太田勝造・林圭介・斎藤輝夫 編

ADR の基本的視座　早川吉尚・山田文・濱野亮 編

ブリッジブック民事訴訟法（第2版）　井上治典 編
執筆者：井上治典・西川佳代・安西明子・仁木恒夫

少額訴訟の対話過程　仁木恒夫 著

注釈フランス民事訴訟法典―特別訴訟・仲裁編
徳田和幸・町村泰貴 編

信山社